PICKEL,
SEIL &
MAUERHAKEN

Reinhold Messner

PICKEL, SEIL & MAUERHAKEN

33 Objekte, die den Alpinismus geprägt haben

BERG WELTEN

MIX
Papier | Fördert gute Waldnutzung
FSC® C014138

Die Texte dieses Bandes sind, abgesehen vom Vorwort, in der Kolumnenreihe »Messners Philosophikum« im Magazin *Bergwelten* erschienen. Die Rechte für die Fotos im Innenteil liegen bei *Bergwelten*-Magazin / Elias Holzknecht, mit Ausnahme von: Archiv Reinhold Messner (S. 30, 72, 100, 174) und Kurt Keinrath, Wien (S. 126).

1. Auflage

Gesetzt aus der Palatino, Madera, Mrs. Eaves

Medieninhaber, Verleger und Herausgeber:
Red Bull Media House GmbH
Oberst-Lepperdinger-Straße 11–15
5071 Wals bei Salzburg, Österreich

Umschlaggestaltung, Innenlayout und Satz:
b3K design, Andrea Schneider, diceindustries
Coverabbildungen: Istry Istry/ shutterstock.com
Autorenillustration: Claudia Meitert / www.carolineseidler.com
Printed by CPI Books GmbH, Germany
ISBN 978-3-7112-0040-2

INHALT

DAS BERGSTEIGEN BEGREIFEN

ein Vorwort

Um den traditionellen Alpinismus zu verstehen und seine Entwicklung begreifen zu können, müssen wir die Haltung der Bergsteiger aus den verschiedenen Epochen nachvollziehen können. Nun, diese Haltung der Bergsteiger ist in vielen Schriften festgehalten: von Eroberungs-, Schwierigkeits-, Verzichts- bis hin zum Pisten- beziehungsweise Ankündigungsalpinismus heute.

Das Bergsteigen beginnt mit der Aufklärung – vorher hielten Ungeheuer aller Art die Menschen von den Gebirgen fern – und der Industrialisierung, die erst die Mittel für Reisen in die Alpen freimachte. Inzwischen ist der Alpinismus – einst das Immer-tiefer-ins-Gebirge-Hineingehen, sommers wie winters – in viele Disziplinen zerfallen: vom Bouldern bis zum Höhenbergsteigen. Geklettert wird heute vornehmlich in der Halle, der Anmarsch ins Basislager erfolgt per Hubschrauber. Das alles will ich nicht kritisieren, im Gegenteil, Schäden am eigenen Leib und an der Natur bleiben so großteils aus. Nur, jede Art von Wettbewerb, Rekord, Technologie verbietet sich beim traditionellen Bergsteigen, das mir am Herzen liegt.

Ich hatte das Glück, zwischen Antike – Hanfseil und Mauerhaken – und Moderne hineingeboren worden zu sein. Das Glück auch, Pioniere aus dem 19. Jahrhundert und heutige Spitzenbergsteiger kennenlernen zu dürfen. Sie haben mir ihre Geschichten erzählt, und ich konnte das Narrativ weitergeben, vor allem mit jener Museumsstruktur, die ich in den Bergen Südtirols aufgebaut habe.

Ohne die vielen Erinnerungsstücke, von der Postkarte bis zum Gipfelkreuz, die ich in einem Menschenleben zusammengetragen habe, hätte ich das Messner Mountain Museum nicht gestalten können. Diese Fundstücke – wir nennen sie Reliquien – ist eine wesentliche Erzählhilfe in allen sechs Häusern des MMM.

Meine Erzählform im Museum nutzt eben diese Reliquien, Kunst und kurze mehrsprachige Texte. Die vielen Ausrüstungsstücke berühmter Alpinisten aus den verschiedenen Epochen des traditionellen Bergsteigens lösen bei den Besuchern jene Emotionen aus, die unter die Haut gehen. Wie auch Kunst – Plastiken, Malerei, Filme – stärker ist als die Fotografie, die als eingefrorene Wirklichkeit weniger berührt.

Ich habe auf der Bühne, im Film, beim Gespräch am Feuer und im Museum von den Bergen und vom Bergsteigen erzählt. Ich habe meine Geschichten und die Geschichten anderer Bergsteiger nacherzählt und dabei immer wieder die jeweiligen Reliquien dazu in den Mittelpunkt gestellt. Nun stelle ich sie in Buchform vor, für alle, die sich hintergründig fürs Bergsteigen interessieren.

Nur wenn ich weiß, dass Hans Ertl 1931 mit zehnzackigen Steigeisen durch die Ortler-Nordwand geklettert ist, dass Paul Preuss immer sein Hämmerchen dabei hatte und wie sich der Griffhaken aus dem Kaukasus anfühlt, kann ich begreifen, um wie viel schwieriger es 1924 – vor 100 Jahren! – war, den »Second Step« am Nordostgrat des Mount Everest ohne Aluleiter zu überklettern.

Der traditionelle Alpinismus ist mein Thema, seine Wiederbelebung mein Anliegen. Deshalb das Museum, das Start-up MMH (Messner Mountain Heritage), das Sherpa-Himal Museum in Namche Bazaar, heute deshalb dieses Buch.

Ich kann mir vorstellen, dass auf den Dachböden in Österreich oder Deutschland, auch in der Schweiz oder Luxemburg – wo auch immer –, Kletterausrüstung aus dem letzten Jahrhundert herumliegt, die niemand mehr braucht. Es wäre schade, wenn sie auf dem Müll landet. In einem der Museen könnten wir sie brauchen. Besonders, wenn sie Bergsteigern mit Namen und Daten – wo, wann, wofür benutzt – zugeordnet werden kann.

Es geht mir in diesem Zusammenhang nicht um die Menge, mehr um die Qualität. Viele Alpinisten haben mir Reliquien angeboten, einiges ist mir geschenkt worden. Ich habe Geduld und Verständnis, wenn sich jemand nicht ad hoc von einem rostigen Haken, der an einen Sturz erinnert, trennen kann. Peter Aschenbrenner hat mir den Meißel versprochen, den er am zweiten Biwakplatz Comicis in der Nordwand der Großen Zinne gefunden hat. Wenige Jahre vor seinem Tod hat er ihn mir geschenkt. Nun erinnert er im Museum an die beiden ersten Begehungen der berühmten Zinnen-Wand, die Comici und die beiden Dimai und dann die Brüder Aschenbrenner gemeistert haben. 1933! Auch daran, dass Comici bereit gewesen wäre, Bohrhaken zu schlagen, wenn er ohne nicht weitergekommen wäre. Das alles ist für die Weltgeschichte ohne Bedeutung, das Bergsteigen bleibt ein nutzloses Tun. Aber gerade weil es nutzlos und gefährlich ist, legen wir mit unserer Hingabe selbst unseren Sinn hinein.

Wir traditionellen Bergsteiger legen vor allem Wert auf Stil beim Höherkommen und hinterlassen die Berge möglichst heil. Sie sollen auch den nächsten Generationen Herausforderung sein.

Reinhold Messner im Frühsommer 2023

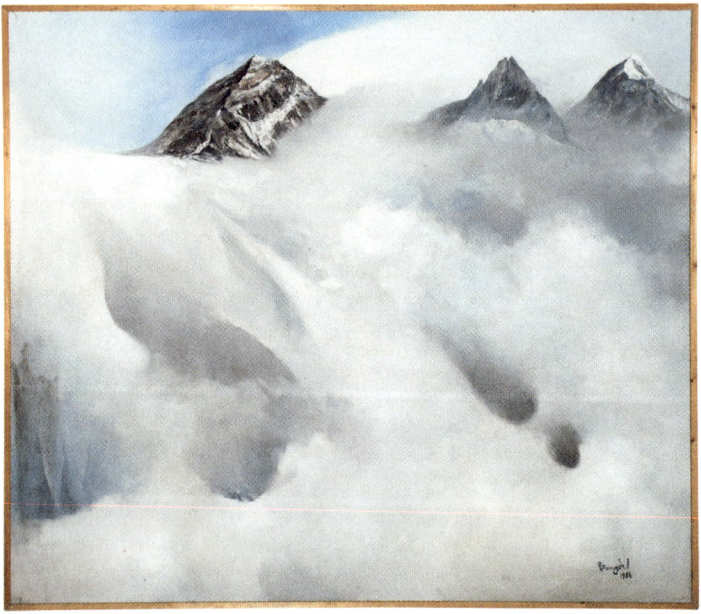

Everest, Lhotse und Makalu im Wolkenmeer:
Das 1,5 × 1,5 Meter große Bild des nepalesischen
Malers Bangdel hängt heute im Wehrturm von Schloss Juval.

INSPIRATION

Wie mich Zufälle und Freunde, vor allem aber die Berge auf Ideen gebracht haben

1986 wusste ich, dass jenes »Glück«, das ich 16 Jahre lang ganz oben gesucht hatte, mit gelingendem Leben zu tun hat.

Auf den Gipfeln war keine Zeit für Nebensächliches gewesen. Die Sorge, nicht heimzukommen, blockierte den Weitblick. Wie beim Aufstieg musste ich mich ja voll konzentrieren. Erst in den Wochen danach kam wieder Lebensfreude auf. Nicht in der Art: »Hurra, ich lebe noch!«, vielmehr als Dank und Freude, überhaupt am Leben zu sein. Das Gefühl auch, wiedergeboren und damit frei zu sein für neue Abenteuer.

Am Lhotse, nach dem Abstieg in einem Sturm, wie ich ihn nur selten erlebt hatte, fühlte ich mich befreit, endgültig bereit, die großen Berge loszulassen und mein Glück anderswo zu finden.

In diesem Zustand des Tagträumens stellte mir Liz Hawley, die große Chronistin des Himalaya-Bergsteigens, in Kathmandu einen Künstler vor. Sein Name: Bangdel. Ich sollte ihn, so bat er mich, in seinem Atelier besuchen.

Meine angeborene Neugierde lockte mich schließlich dorthin. Der alte Mann war feingliedrig und mit einem friedlichen Wesen gesegnet – ganz der Weise aus Shangri-La, dem sagenhaften Ort Tibets. Er zeigte mir Bilder, die an den Wänden lehnten, führte mich um seine Staffelei herum: lauter Landschaften aus dem nahen Himalaya. Auf einem der großflächigen Werke blieb mein Blick hängen. Drei Gipfel waren darauf zu sehen, die aus einer wabernden Nebelmasse ragten: Mount Everest, Lhotse, Makalu, drei der fünf höchsten Berge der Welt. Lhotse und Makalu hatte ich gerade bestiegen – beide im vierten Anlauf.

»Ich kann nur dann Neues machen, wenn ich weiß, was vor mir gemacht worden ist.«

Im Herbst 1986, nach den »14 Achttausendern«, kam ich mir weder wie ein Sieger noch wie ein Held vor. Ich hatte die Genugtuung, eine komplexe Idee, ein Ziel, das ich mir 1982 erstmals gesetzt hatte, realisiert zu haben.

Den Anspruch, alle Achttausender ohne Maske und in einem möglichst fairen Stil zu besteigen, hatte ich nur an mich gestellt. Niemand hatte mir Regeln vorgegeben, ausgenommen die Natur.

Spontan entschloss ich mich, das Bild zu erwerben. Ohne zu hinterfragen, wie ich es nach Hause bringen und wo es hängen sollte. Ich machte mir damals keine Sorgen um meine Zukunft, war voller Ideen – ein Museum zum Thema Berg gehörte noch nicht dazu. Das kam erst viel später. Ich wollte, nachdem ich auf den höchsten Gipfeln der Welt gestanden war, wieder von vorne anfangen. Ich musste lernen, auf anderen Gebieten einen Schritt weiterzugehen, und meinem Weg eine neue Richtung geben.

Das Gemälde hängt heute im ehemaligen Wehrturm, dem Bergfried von Schloss Juval, wo ich über die heiligen Berge erzähle. Der Künstler Bangdel hat es 1986 geschaffen, ohne Hintergedanken. Mittlerweile ist er längst tot. Die drei Gipfel aber, die alles Irdische durchbrechen, erzählen heute bergaffinen Museumsbesuchern vom Jenseitigen, das sie zu berühren scheinen.

Meinen Lebensweg habe ich Zufällen, Freunden, Vorgängern zu verdanken, weniger der Inspiration. So wie ich viele bergsteigerische Ziele aus der Geschichte heraus entwickelt habe, wusste ich immer, dass ich nur dann Neues machen kann, wenn ich weiß, was vor mir alles gemacht worden ist. Die Inspiration zum Bergmuseum verdanke ich Künstlern wie Bangdel und Bergsteigern wie Paul Preuss, Walter Bonatti und Lionel Terray. Und auch der Tatsache, dass Berge unendlich viel größer sind als wir Menschen.

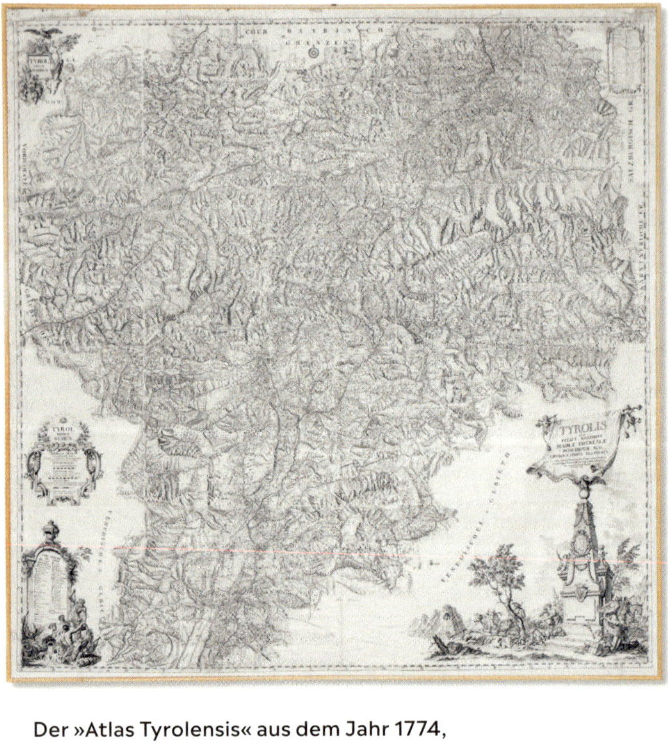

Der »Atlas Tyrolensis« aus dem Jahr 1774, auch »Anich-Karte« genannt, ist heute in der Bibliothek von Schloss Juval ausgestellt.

FÜNF QUADRATMETER VOLLER DETAILS

Der »Atlas Tyrolensis« liefert auch 250 Jahre später bemerkenswerte Einblicke

In der Bibliothek von Schloss Juval – es geht dort ausschließlich um Geschichten von Bergen, Wüsten und den Polen – hängt der »Atlas Tyrolensis« aus dem Jahr 1774, auch »Anich-Karte« genannt. Ich hatte das Werk vor Jahrzehnten erworben, weil ich begeistert war von seiner Detailgenauigkeit und damit der Möglichkeit, mich in meine Heimat zu vertiefen, ohne auf Gipfel zu steigen oder Täler zu durchwandern. Jede Burg ist verzeichnet, auch die, in der der Atlas hängt; jeder Gletscher ist in seiner damaligen Mächtigkeit dargestellt.

Diese Karte des Landes Tirol basiert auf geodätischen Vermessungen und war bis dahin ohne Vergleich. Sie wurde im Jahrzehnt zwischen 1760 und 1770 aufgenommen und gezeichnet. Auf Initiative des Jesuitenpaters Ignaz Weinhart hatten Peter Anich aus Oberperfuss und sein Schüler Blasius Hueber, beide bäuerlicher Herkunft – deshalb auch »Bauernkartografen« genannt –, das Land Tirol aufgenommen.

1774 legte Johann Ernst Mansfeld den Atlas als Kupferstich vor. Maßstab: 1:104.000. Also maximale Präzision in der kartografischen Wiedergabe und somit zu ihrer Zeit die bedeutendste österreichische Karte. Mir ist sie bis heute eine wichtige Quelle für Geografie, Glaziologie und Orientierung.

Jahrzehntelang standen uns im Himalaya und im Karakorum dafür nur Kammverlaufskizzen zur Verfügung. Die Anich-Karte dagegen bot einen dreidimensionalen Einblick in den zentralen Teil der Ostalpen und war damit eine frühe Orientierungshilfe für die ersten ostalpinen Bergsteiger.

Die fünf Quadratmeter große Karte (217,5 × 226 cm) ist in zwanzig Blätter aufgeteilt und in zwei Teile gegliedert: »Tirol gegen Norden«, also das heutige Nord- und Osttirol sowie das nördliche Südtirol, und »Tirol gegen Süden«, also das südliche Südtirol und das Trentino. Die beiden Teile gehen nahtlos ineinander über. Berge und Wälder, Almen und Kare, Flüsse und Seen sind auszumachen. Fast 600 Berggipfel sind namentlich verzeichnet und Geländeformen schematisch dargestellt. Vor allem sind vergletscherte Regionen genau umrissen. An die 1000 Almen sind akribisch verzeichnet, da sie für Anich und Hueber und alle Bauern damals von größter Bedeutung waren. Auch Siedlungen, Märkte, Dörfer, einzelne Höfe und Wirtshäuser sind vermerkt.

»In die veränderten Landschaftsbilder, vor allem die Gletscher, kann ich mich stundenlang vertiefen.«

In die inzwischen veränderten Landschaftsbilder – vor allem die schwindenden Gletscher – kann ich mich stundenlang vertiefen.

Gewerbe und Handel sind aus dem Atlas abzulesen ebenso wie Verkehrsstraßen und Almwege. Adelssitze, Kirchen, Kapellen, ja, verfallene Burgruinen erscheinen wichtig, wie auch der Bergbau, Poststationen und Heilquellen. Der Obstbau spielte noch keine Rolle.

Wir orientieren uns heute mithilfe von GPS und erkennen dank Anich viele Veränderungen im Land. Eines hat sich seitdem nicht geändert: Der Ortler, »Ortles Spiz«, bleibt der »Höchste im ganzen Tyrol«.

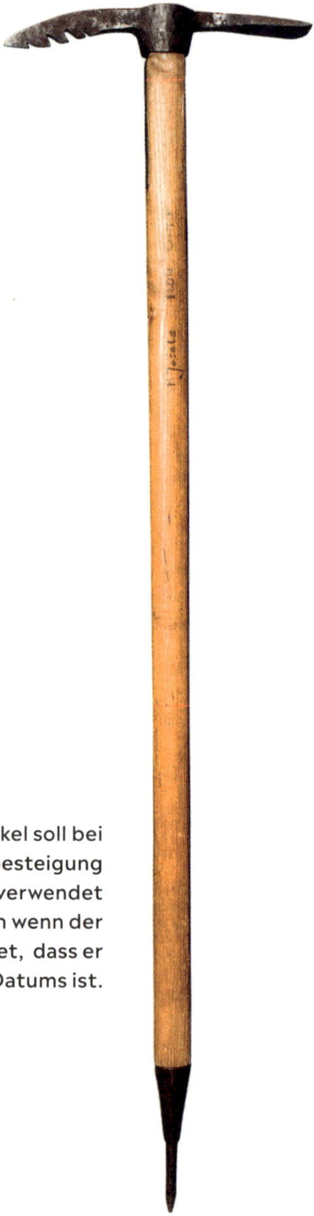

Dieser Pickel soll bei der Ortler-Erstbesteigung im Jahr 1804 verwendet worden sein – auch wenn der Stil darauf hindeutet, dass er jüngeren Datums ist.

DER UNBEZWINGBARE

Wie ein Pickel aus der Landwirtschaft und die Fährten des Wildes im Jahr 1804 die Erstbesteigung des Ortlers ermöglichten

Die erste Besteigung des Mont Blanc 1786, durch Paccard und Balmat, spornte zur Nachahmung an. Im Jahr 1800 wurde der Großglockner bestiegen. Dann gab Erzherzog Johann von Österreich den Anstoß zur Eroberung des Ortlers, den er vom Reschenscheideck aus gesehen hatte. Dieser Berg würde den höchsten Gipfeln von Savoyen und der Schweiz nicht nachstehen, war er überzeugt.

Erzherzog Johann beschloss, den Bergoffizier Dr. Johannes Gebhard in den Vinschgau zu schicken. Seine Aufgabe: die Besteigung zu organisieren. Die Vermessung und Besteigung des Ortlers war also sein Ziel.

Am 28. August 1804 traf Dr. Gebhard über Meran und Schlanders in Sulden ein. Er hatte zwei Männer aus Zell im Zillertal, Johann Leitner und Johann Klausner, gute Berggeher, mitgebracht, die mit den Einheimischen aufsteigen sollten.

Alle Versuche, es waren regelrechte Expeditionen, scheiterten allerdings. Inzwischen war eine Prämie ausgesetzt worden, für den oder die Erstbesteiger. Der Ortler galt jedoch als unmöglich! Schon wollte Dr. Gebhard, der in der Gemeinde Mals im Vinschgau den Berg durch sein Fenster sehen konnte, zurückreisen, als am 26. September gegen Mittag ein Anwärter für die Besteigung gemeldet wurde.

Es war ein Mann aus St. Leonhard in Passeier. Josef Pichler, genannt Josele. Er war ohne Beruf, aber gelegentlich als Gamsjäger tätig.

Auf die Frage nach seinen Ansprüchen soll der Passeirer geantwortet haben: »Jetzt wage ich es; gelingt es mir, gut, so werden Sie mir geben, was Sie anderen versprochen haben. Gelingt es mir nicht, so brauche ich keinen Lohn.«

Die Zillertaler gingen mit, Gebhard selbst aber, krank und geschwächt, musste zurückbleiben. Fünf Tage später, am 1. Oktober 1804, war es Gebhard, der an Erzherzog Johann meldete: »Königliche Hoheit! Es ist vollendet, das große Werk! Der Stand der Barometer auf der Ortlerspitze war am 27. September 1804 zwischen 10 und 11 Uhr mittags 194°, die correspondierende Beobachtung zu Mals zeigte 300°. Wie unaussprechlich glücklich fühle ich mich, im Stande zu sein, Eurer Königlichen Hoheit diese Nachricht in Untertänigkeit erteilen zu können!« Sein Auftrag war damit erfüllt.

»›Jetzt wage ich es. Gelingt es mir nicht, so brauche ich keinen Lohn‹, soll Josele gesagt haben.«

Die drei Bergsteiger Johann Leitner, Johann Klausner und Josef Pichler hatten am 27. September wenig nach

Mitternacht Trafoi verlassen. Gleich hinter den Heiligen Drei Brunnen stiegen sie die Hänge zum Unteren Ortlerferner hinauf. Dort gingen sie weiter, bis sie in die Wände links einsteigen konnten, und kletterten über steilen Fels, Schnee, Geröll geradewegs nach oben, bis sie den Hochfirn erreichten.

Ohne viel Mühe stiegen sie weiter bis zum Gipfel. Josele hatte bei der Gamsjagd die Möglichkeit gesehen, über die Hinteren Wandln zum Oberen Ortlerferner zu kommen, und sein Pickel – aus der Landwirtschaft entlehnt – half ihm über das Eis.

Wie der Ortler-Pickel wurden fast alle Hilfsmittel für den Berg – Grödel, Gamaschen, genagelte Schuhe oder der Bergstock – aus der Bergbauernarbeit entlehnt. 1804, bei der Besteigung des Ortlers, ist der Pickel noch die Ausnahme, fünfzig Jahre später werden speziell geschmiedete Pickel schon in Serie hergestellt und verwendet – von den Herren und ihren Führern.

Am Vormittag des 27. September erreichten die drei ihr Ziel, um acht Uhr abends waren sie zurück in Trafoi.

Heute noch gehört ihre Route zu den schwierigen und gefährlichen Anstiegen am Ortler. Warum hatten sie gerade diesen Zustieg als erste Anstiegsroute gewählt? Es hat wohl mit der Einstellung der Jäger zu tun, die lange Gletscherwanderungen mieden und am Berg den Wildwechseln zu folgen wussten.

Der Pickel, den wir im Museum Sulden zeigen, ist angeblich von der Ortler-Erstbesteigung. Der Stil ist neueren Datums, die Haue aber hat etwas Geheimnisvolles.

Der 200 Jahre alte Vorderlader stammt aus dem Wakhan-Korridor in Afghanistan. Heute wird er im Messner Mountain Museum auf Schloss Juval ausgestellt.

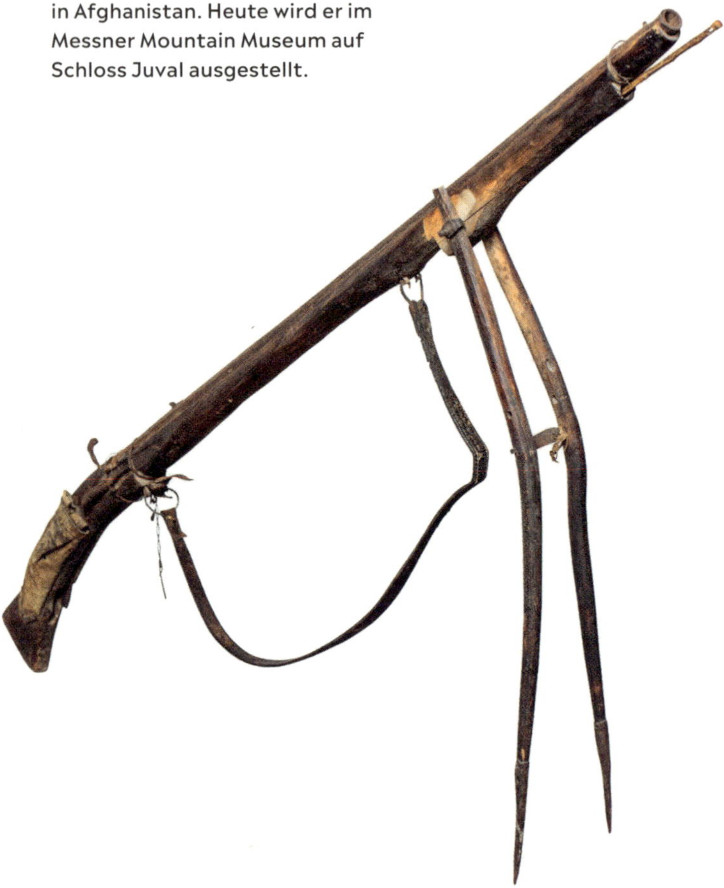

IM WILDEN HINDUKUSCH

Welche Rolle ein primitives Gewehr bei der Besteigung des 7500 Meter hohen Noshaq in Afghanistan spielte

Es war 1972, und ich war auf dem Weg zum Noshaq, mit 7500 Metern der zweithöchste Gipfel im Hindukusch. Wir reisten nach Kabul, wo mir der italienische Botschafter seinen achtzehnjährigen Sohn zur Seite stellte, denn »die wilden Männer aus den Bergen« könnten ziemlich hartnäckig, wenn nicht sogar gefährlich sein.

Unsere Reise nach Norden, in den Wakhan-Korridor, zwischen der damaligen Sowjetunion und Pakistan gelegen, war aufregend – trotz Staub und Hitze.

Den Aufstieg ins Basislager sollten wir in wenigen Tagen schaffen, und im letzten Dorf warteten viele Träger, die Lasten dort hinschleppen wollten, wohl auch, weil es eine seltene Gelegenheit war, Geld zu verdienen.

Wir kauften Nahrungsmittel, ein Schaf, das zum Basislager hochgetrieben werden sollte, und ich erstand einen alten Vorderlader, mit dem Ortsansässige – seit Jahrhunderten vielleicht – auf Steinbockjagd gegangen waren. Mich beeindruckte das Gerät, auch weil ich mir vorstellte, wie die Tiroler unter Andreas Hofer 1809 mit ähnlicher Ausrüstung gegen die Franzosen gekämpft hatten.

Der Vorderlader kam zu meinem persönlichen Gepäck, und ich behielt ihn im Auge. Als die Träger dann ihre Lasten absetzten und behaupteten, wir seien angekommen, hätten also das Basislager erreicht, schaute ich auf meinen Vorderlader und dann auf die umliegenden Berge.

»Es kam zum Tumult. Ich setzte mich mit dem Vorderlader auf den höchsten Punkt des Lastenstapels.«

Das primitive Gewehr war unbeschadet angekommen. Der Berg aber, den wir besteigen wollten, fehlte: kein Noshaq zu sehen. Auch kein Zivilisationsmüll weit und breit. Die Träger aber behaupteten, wir seien im üblichen Basislager.

Im Tal war noch unter Aufsicht des Bürgermeisters ein pauschaler Lohn für jeden Träger vereinbart worden, der seine Last im Basislager abgeben würde. Im Basislager wohlgemerkt und nicht im Nirgendwo. In der vagen Ahnung, betrogen zu werden, ließ ich die Lasten auf einen Haufen zusammenstellen und bat den Sohn des Botschafters, auf sie aufzupassen. Ich wollte höher steigen, um Berg und Basislagerplatz auszumachen. Den Trägerlohn in kleinen Scheinen nahm ich vorsichtshalber im Rucksack mit.

Im Laufschritt ging es bergwärts, und schon nach drei Stunden war ich zurück. »Das Basislager liegt einen halben Trägertag höher oben«, sagte ich dem Trägerführer, »direkt am Fuße des Noshaq.«

Es kam zum Tumult. Ich setzte mich mit meinem Vorderlader auf den höchsten Punkt des Lastenstapels, und mein Helfer und Übersetzer erklärte den Trägern, dass sie ihren Lohn, wie vereinbart, erst im richtigen Basislager ausgezahlt bekämen.

»Wer weggeht«, sagte ich, »bekommt nichts; wer morgen weitergeht, bekommt seinen Lohn im Basislager.« Die Träger begannen zu schimpfen, einige von ihnen schwangen bedrohlich ihre Stöcke. Ich blieb ruhig, den Vorderlader neben mir. Natürlich hätten wir uns nicht verteidigen können, ich konnte das primitive Gewehr ja gar nicht bedienen. Fast alle Träger blieben, wir erreichten anderntags unser Ziel und drei Wochen später den Gipfel.

Heute, nach mehr als dreißig Jahren Krieg im Hindukusch, möchte ich mir ein Szenario wie 1972 nicht vorstellen. Die Afghanen waren ein großartiges Volk, und der »wilde Hindukusch« war damals sicherer, viel sicherer als heute. Es war eine gute Zeit, als ich in die Berge der Welt aufbrechen durfte, eine friedliche Zeit. Erstaunlich, dass mich daran heute ausgerechnet ein Vorderlader erinnert.

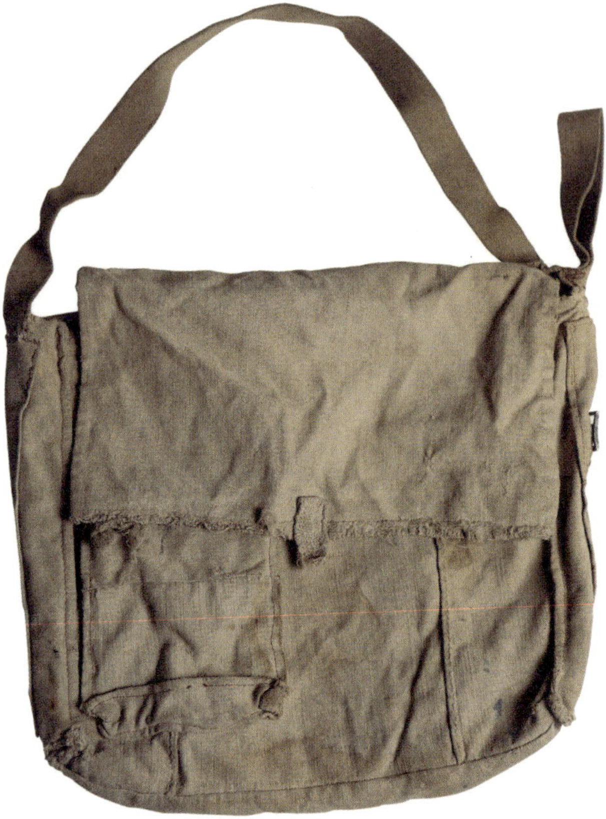

Whympers Tasche: Neben den weißen Hosen gehörte die Umhängetasche zu den Erkennungsmerkmalen des Bergsteigers Edward Whymper. Gefunden hat sie der italienische Bergführer Marco Barmasse 1985 auf einer seiner vielen Touren am Matterhorn.

DER GROSSE SCHNABEL

Kreativität, Rivalität, Sieg und Niederlage: Die Erstbesteigung des Matterhorns enthält alles, was modernen Alpinismus prägt

Kein Berg in den Alpen hat so viel Individualität wie das Matterhorn, das die Italiener »La Gran Becca«, den großen Schnabel, nennen. Seine erste Besteigung vor 150 Jahren markiert den Übergang vom Eroberungs- zum Schwierigkeitsalpinismus. Die Protagonisten des Wettlaufs zum Gipfel sind der Italiener Jean Antoine Carrel – »Il Bersagliere« (der Draufgänger) sowie »der Hahn im Dorf« genannt – und Edward Whymper, ein Holzstecher aus London, dem Carrel den Übernamen »Gran Becca« gegeben hat. Er klettert in weißen Hosen, eine Umhängetasche über die Schulter gelegt, einen kecken Hut auf dem Kopf. Es ist dieser Whymper, der mit seinem Buch »Scrambles amongst the Alps in the years 1860–1869« das Thema besetzt. Seine Version der Erstbesteigung und vor allem der Tragödie – beim Abstieg stürzen vier Alpinisten in den Tod – bleibt bis heute in der öffentlichen Rezeption bestimmend. Sie macht das Matterhorn und Zermatt berühmt, mit ihr aber verliert das Bergsteigen seine Unschuld.

Um die Hintergründe des Skandals zu verstehen, müssen wir uns in das 19. Jahrhundert zurückversetzen. Anfang 1860 sind der Montblanc und die meisten Viertausender der Alpen längst bestiegen. Das Matterhorn ist damit zur größtmöglichen Herausforderung – vor allem für englische Alpinisten – geworden. Im »Alpine Journal« von 1863 schreibt Hereford Brooke George: »Klettert, wenn ihr wollt, aber vergesst nicht, dass Kraft und Mut nichts sind ohne Bedacht. Wenn uns auch nichts mehr in den Schweizer Alpen anzöge, so bleibt uns doch, wer weiß für wie lange, das Matterhorn, unbesiegt und augenscheinlich unbesiegbar für alle Zeit.«

»In der Matterhorn-Katastrophe ist alles enthalten, was 150 Jahre Alpingeschichte prägen wird.«

EIN ÄLPLER UND EIN STÄDTER

Zwei Bergsteiger sind es, die seit 1860 an die Besteigbarkeit des Matterhorns glauben: Jean Antoine Carrel aus Valtournenche und Edward Whymper. Zwei Bergsteiger, die unterschiedlicher kaum sein können: der Italiener ein Älpler, der Engländer ein Städter.

Whymper spricht selten gut von Bergführern – »eine Schar von Männern, denen nicht viel Gutes zuzutrauen war; aus ihren Gesichtern sprechen Hochmut, Bosheit, Neid, Arroganz«. In Carrel erkennt Whymper die Ausnahmeerscheinung. »Er ist ein ausgezeichneter Geher, sehr gut am Fels und sehr gut mit allem. Der ideale Mann für jeden, der kühne Unternehmungen plant«, schreibt er am 11. August 1863 in Carrels Tourenbuch. Die beiden versuchen vergeblich das Matterhorn gemeinsam zu besteigen, Carrel ist in diesen Jahren Whympers Lehrmeister und Rivale zugleich. Zuletzt aber kommt Whymper Carrel zuvor. Von Schweizer Seite über das Hörnligrat erreicht er am 14. Juli 1865 als erster Mensch mit einer siebenköpfigen Seilschaft den Gipfel des Matterhorns. Damit beginnt die Tragödie. Ein zu kurzes Seil zwingt Whympers Bergführer Peter Taugwalder senior beim Abstieg, ein dünneres Reserveseil einzusetzen.

Und dieses Seil reißt, als vier Männer der Seilschaft – Michel Croz, Robert Hadow, Charles Hudson, Francis Douglas – in den Abgrund stürzen. Nur Edward Whymper, Peter Taugwalder und sein Sohn überleben die Erstbesteigung.

Carrel, der es an diesem 14. Juli nicht ganz zum Gipfel schafft, erklettert seinen Berg am 17. Juli, über den viel schwierigeren Südwestgrat von Italien aus.

»Jean Antoine Carrel ist der beste Felskletterer, den ich jemals kennenlernte. Er war der Einzige, der sich nie geschlagen gab und trotz allen Misslingens und der Entmutigung, die alle ergriff, dabei blieb, dass der große Felsberg nicht unersteiglich sei und dass er eben von der Seite seines Heimtattales erstiegen werden könne.«

Diese Sätze in Whympers Buch bringen Charakter und Geist von Jean Antoine Carrel auf den Punkt. Seine Besteigung des Matterhorns war keine nationale Tat oder patriotische Aufgabe. Er hat sie gewollt. Der Wettlauf auf den Gipfel war weder eine italienische noch eine englische Angelegenheit, er war eine individuelle Angelegenheit, die Angelegenheit zweier Männer.

WIE DAS SEIL RISS

Es war aber nicht die Leistung dieser Männer, die das Matterhorn zum berühmtesten Berg der Welt machte, »nicht die Bezwingung des Löwen von Zermatt, es war die Katastrophe und die sich daran anknüpfenden fantastischen Legenden und Berichte, welche für die Öffentlichkeit oder das Publikum ein interessantes und pikantes Stimulans abgaben«, stellte der österreichische Musiker und Bergsteiger Joseph Braunstein zu Recht fest.

Und wer immer auch das »hässliche Gerücht, welches Whymper beschuldigte, im kritischen Moment sein Leben durch Zerschneiden des Seiles gerettet zu haben«, in die Welt gesetzt hat, so Braunstein weiter, »es war unsinnig genug, um seinen Weg in die Tagespresse zu finden«.

Braunstein hat recht: Niemand konnte im kritischen Moment am Matterhorn das Seil durchtrennen. Das Seil riss, weil es zu schwach war und Vater Taugwalder über einen Felszacken sicherte. Dass Whymper seinem Bergführer aber öffentlich vorwarf, das dünne Seil mit Absicht verwendet zu haben, um seinen Sohn und sich selbst bei einem etwaigen Sturz zu retten, ist unverzeihlich, ein Rufmord, mit dem Peter Taugwalder sein Leben lang nicht fertig wurde. Er wanderte nach Nordamerika aus, starb 1888 kurz nach seiner Rückkehr am Fuße des »Horns«.

Auch Edward Whymper, der es zwar verstand, seine Geschichte spannend niederzuschreiben und damit alle

Verantwortung für die Katastrophe beim Abstieg an Vater Taugwalder abzuschieben, ist seines großen Erfolges nie wieder froh geworden: »Ich habe Zeiten der Freude erlebt, die zu groß waren, um sie mit Worten zu beschreiben, und solche des Kummers, auf die ich nicht näher einzugehen wage, und im Gedanken an diese sage ich: Klettert, wenn ihr wollt, aber vergesst nicht, dass Kraft und Mut nichts sind ohne Bedacht und dass ein einziger Moment der Unachtsamkeit das Glück eines Lebens zerstören kann. Tut nichts überstürzt, achtet genau auf jeden Schritt und denkt von Anfang an daran, was das Ende sein könnte.«

Edward Whymper starb am 16. September 1911 einsam in einem Hotelzimmer im französischen Chamonix.

150 JAHRE ALPINGESCHICHTE

In der Matterhorn-Katastrophe ist alles enthalten, was 150 Jahre Alpingeschichte prägen wird: Rivalität, Nationalismus, Begeisterung, Kreativität, aber auch Verleumdung, Rufmord, Sieg und Niederlage, Gipfelgang und Absturz. Der Skandal ist nicht, dass vier Alpinisten gestorben sind, der Skandal besteht darin, dass Whymper seinen Bergführer Taugwalder diskreditieren konnte.

Nur Jean Antoine Carrel hat ihn verteidigt und am Ende bewiesen, dass er Verantwortung tragen konnte – auch bis in den eigenen Tod. Er starb 1890 an Erschöpfung, nachdem er bei schlechtesten Wetterverhältnissen seine Berggefährten noch sicher vom Matterhorn in das Tal hinuntergebracht hatte.

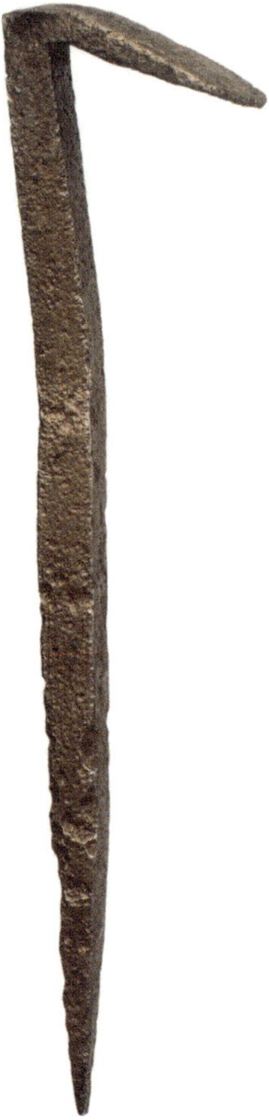

Der Auslöser historischer Debatten: ein gewöhnlicher Mauerhaken, wie ihn Emil Zsigmondy verwendete. Er ist im Messner Mountain Museum Corones ausgestellt.

ZSIGMONDYS MAUERHAKEN

Über die Ursprünge der Seilsicherung und den Streit um die Verwendung künstlicher Hilfsmittel in den Bergen

Am 26. Juli 1885 erreichen Ludwig Purtscheller und die Brüder Emil und Otto Zsigmondy den Grand Pic, mit 3983 Metern der höchste Gipfel des Meije-Massivs in den französischen Dauphiné-Alpen. Sie stiegen von Norden auf, über den Pic Central und den Ostgrat. Eine herausragende Leistung der österreichischen Bergsteiger.

Nur wenige Tage später, am 6. August 1885, beim Versuch, diesen Grand Pic über die Südwand zu erreichen, stürzt Emil Zsigmondy zu Tode – weil das Seil, das ihn mit den tiefer stehenden Gefährten verbindet, reißt.

Auf dem nahe gelegenen Friedhof von Saint-Christophe im Vénéon-Tal befindet sich sein Grab. Das Geschick, die Kraft und der Mut Emil Zsigmondys werden zur Legende.

Die gewaltigen Südabstürze der Meije erinnern bis heute an den noch jungen Akademiker, der zu den besten Alpinisten seiner Zeit zählte und als Intellektueller brillante Aussagen zum führerlosen Alpinismus hinterlassen hat. Daran muss ich denken, wenn ich die Tagebücher der Zsigmondy-Brüder in den Händen halte. Sie sind mir im Rahmen meiner Museumsarbeit zum Verkauf angeboten worden. Im Paket mit den zigarettenschachtelgroßen, vollgekritzelten Notizbüchern steckte auch ein Eisenstift und ein Mauerhaken, wie sie am Beginn der Seilsicherung benutzt wurden. Hat ihn Emil am Grand Pic benutzt? Wir wissen es nicht.

»Die Grenze zwischen ganzem Einsatz und Tod, zwischen Selbstverschwendung und Selbstvernichtung ist beim Freiklettern schmal.«

Diese erste Art Mauerhaken kam aus dem Bauwesen und wurde ins Felsklettern übernommen. Man schlug die Stifte in Felsrisse und ließ – vor allem bei Quergängen – das Seil darüberlaufen. Ähnlich wie es Bergführer von Anfang an gemacht haben, wenn sie zur Zwischensicherung das Seil hinter Felsvorsprüngen laufen ließen, um im Notfall einen Sturz vom Seilzweiten abbremsbar zu machen.

Zu meinem siebzigsten Geburtstag schenkte mir der Salzburger Kletterer Albert Precht einen genau so geschmiedeten Haken. Er hatte ihn in der Trisselwand, die steil über Altaussee aufragt, gefunden, und er war zweifellos von Paul Preuss geschlagen worden. Jetzt endlich verstand ich, warum wir die Auseinandersetzung von 1911 über die »Verwendung künstlicher Hilfsmittel auf Hochtouren« heute »Mauerhakenstreit« nennen. Es waren wirklich Mauerhaken, um die sich Tita Piaz, Hans Dülfer und Franz Nieberl mit Paul Preuss stritten. Zsigmondy wäre, wenn damals noch am Leben, auf Preuss'

Seite gewesen, also ein Gegner technischer Hilfsmittel beim Klettern. Obwohl beide ihre Mauerhaken als Notbehelf mitgeführt hatten.

Genau so sah es auch Albert Frederick Mummery, der beste britische Bergsteiger seiner Zeit. Mummery und Zsigmondy waren Brüder im Geiste. Beide waren leidenschaftliche Bergsteiger und begeisterte Kletterer. Mit ihnen reifte ein neuer Zugang zum Berg: das Klettern um des Kletterns willen.

Beide lösten sich von ihren Bergführern, um »führerlos«, »by fair means«, zu steigen. Eigenverantwortung, schwierigste Wege und die Beschränkung bei den Hilfsmitteln standen im Mittelpunkt ihrer Ethik. Mummery setzte diese Einstellung in den Westalpen durch, Zsigmondy in den Dolomiten und im Dauphiné.

Es kam ihnen weniger darauf an, wie »schwierig« sie kletterten, als vielmehr, wie weit sie sich exponierten. Die Grenze zwischen ganzem Einsatz und Tod, zwischen Selbstverschwendung und Selbstvernichtung ist beim Freiklettern also schmal. Weil das alle wissen, fand dieses Tun in seiner exzessiven Form so viel Bewunderung. Jede Klettertour ist einzigartig, die Erfahrung nicht wiederholbar. Mummery und Zsigmondy haben es erlebt, beide sind weitergeklettert – beide bis zum tragischen Ende.

Mummery, der 1895 am Nanga Parbat umkam, meinte: »Wir hatten im Laufe der Zeit die Erfahrung gemacht, dass alle, die die wahre Freude am Bergsteigen genießen wollen, ganz allein auf ihre eigene Geschicklichkeit und Kenntnisse angewiesen sein sollen.« Mummery und Zsigmondy kletterten und dachten wie kein Bergsteiger vor ihnen; das Mittelmaß in der Szene war ihnen suspekt, sie wurden zu Pionieren einer neuen Kletterzeit.

Und Zsigmondy: »Man lernt, mit unbeugsamer Energie ein gefasstes Ziel festzuhalten … Das Hochgebirge besitzt einen ewigen Reiz, welcher jeden umstrickt, der seine Schwierigkeiten und Gefahren erkannt und ihnen fest ins Auge geblickt hat.«

Deshalb wurde jene Sicherungstechnik entwickelt, die dem Seilzweiten zugutekam. Vor allem von Zsigmondy: »Oft ist ein geeigneter Vorsprung vorhanden, um den das Seil gelegt werden kann, was das Halten erleichtert, weil damit der Zug (Fangstoß) bedeutend abgeschwächt wird.«

Und wenn kein passender Vorsprung zu finden war? Vielleicht tat's ein Mauerhaken, über den das Seil lief. Wir wissen es nicht.

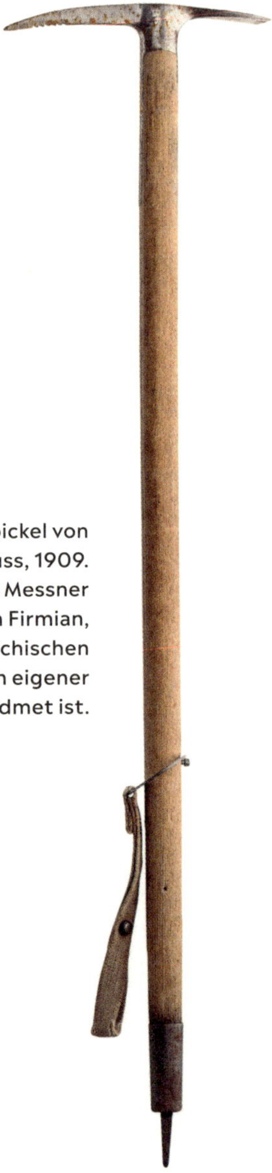

Der Eispickel von
Paul Preuss, 1909.
Ausgestellt im Messner
Mountain Museum Firmian,
wo dem österreichischen
Bergsteiger ein eigener
Raum gewidmet ist.

EISPICKEL – ODER DOCH BERGSTOCK?

Paul Preuss gehört zu den bedeutendsten Bergsteigern der Alpingeschichte und zu den Ikonen des Freikletterns

Der letzte Raum, den ich im Museum Firmian gestaltet habe, ist Paul Preuss gewidmet, jenem österreichischen Bergsteiger, der den Alpinismus zu Beginn des 20. Jahrhunderts geprägt hat wie wenige andere.

Vier Mauern ragen wie Skulpturen in den Himmel, kein Dach darüber, und nach Osten hin ein viereckiger Ausblick, durch den der Schlern, der Symbolberg Südtirols, als Postkartenmotiv erscheint. Damit wollte ich dem Philosophen Preuss gerecht werden, der klarer als alle anderen ausgesprochen hat, wie sich das Verhältnis von Mensch und Berg verändert, wenn wir bei unserem Unterwegssein im Gebirge unbeschränkt technische Hilfsmittel einsetzen.

»Ein Meter«, formulierte er, »den man nicht mehr klettern kann, ist meiner Ansicht nach unendlich weit; da hat die Natur uns Menschen eben ein Bollwerk gesetzt, dessen Überwindung über unsere Kraft gehen soll.«

Der »PreussTurm« im Museum auf Schloss Sigmundskron misst im Grundriss vielleicht sechs mal fünf Meter. Die höchste der ruinösen Steinwände ist nicht höher als sechs Meter. Darüber ragt nur die Kapelle, mehr als tausend Jahre alt, in den Himmel. Warum habe ich diesen erhöhten Raum Paul Preuss gewidmet?

Ganz einfach, weil ich ihn für den wichtigsten Denker halte, den der traditionelle Alpinismus hervorgebracht hat. Seine Schriften waren brillant, seine Vorträge gut besucht, sein Witz gefürchtet. Dabei war Preuss nicht nur Bergsteiger, er hatte Biologie studiert, war mit der Geologie der Alpen ebenso vertraut wie mit ihrer Geografie, und sein Freundeskreis reichte von Wien bis Chamonix, von Tita Piaz, dem italienischen Bergsteiger, bis zum Deutschen Hans Dülfer.

In der Mitte meines PreussTurms steht – als Objekt – eine Sesselliftschaukel. Zu zweit kann man darauf Platz nehmen und durch das »Fenster« auf den Schlern schauen. Links davon hängt eine Skulptur in Eisen; sie zeigt die Mandlkogel-Nordkante, an der Preuss 1913, im späten Herbst, tödlich abgestürzt ist. Vermutlich hat er im oberen Drittel die Gangbarkeit der letzten schwierigen Passage geprüft. Nach rechts hin wäre der weitere Aufstieg leicht gewesen, Paul Preuss aber war ein Ästhet, er suchte immer die schönsten Linien bei seinen Erstbegehungen. Dabei ist er zu Tode gekommen. Hat er den Halt verloren? Ist ein Griff ausgebrochen? Es reichte ein einziger Moment der Unachtsamkeit. Rucksack und offenes Taschenmesser

»Paul Preuss war ein Ästhet, er suchte immer die schönsten Linien bei seinen Erstbegehungen. Dabei ist er zu Tode gekommen.«

lagen noch unter diesem letzten senkrechten Kantenaufschwung. Also war es nur ein Versuch, gehörte es doch zur Preuss'schen Philosophie, die schwierigsten Passagen seiner Kletterwege dreimal zu klettern.

»Ich halte die Sicherung durch eingetriebene Mauerhaken«, so schrieb er, »in vielen Fällen sogar Sicherung überhaupt, sowie das Abseilen und alle anderen Seilmanöver, die so oft die Besteigung von Bergen ermöglichen oder wenigstens dabei angewendet werden, für künstliche Hilfsmittel und daher vom Standpunkt des Alpinisten wie des Klettersportlers als nicht einwandfrei, als nicht berechtigt. Das Abseilen! ‹Wenn man irgendwo nicht hinunterkann, soll man nicht hinauf› – sagt mir der alpine Standpunkt. ‹Aus eigener Kraft Schwierigkeiten überwinden, im Aufstieg wie im Abstieg›, das ist ein Postulat einer ehrlichen sportlichen Überzeugung.«

Um sicher sein zu können, dass er jede Passage ohne künstliche Hilfsmittel klettern darf, hat er sie auch im Abstieg meistern müssen. »Das Können ist des Dürfens Mass« war sein Postulat.

Als zweites Kunstwerk habe ich eine weitere Metallarbeit in den PreussTurm gestellt: Sie zeigt die Guglia di Brenta mit der Ostwand. Dort hat Paul Preuss 1911 sein Meisterwerk hinterlassen – mit einer »Free-Solo«-Leistung, die für immer in den Annalen der Kletterkunst bleiben wird. Im Eispickel hingegen, den ich als Reliquie in die Mitte gestellt habe, sah Preuss keine technische Steighilfe, sondern ein Ausrüstungsstück wie Schuhe, Rucksack oder Halstuch.

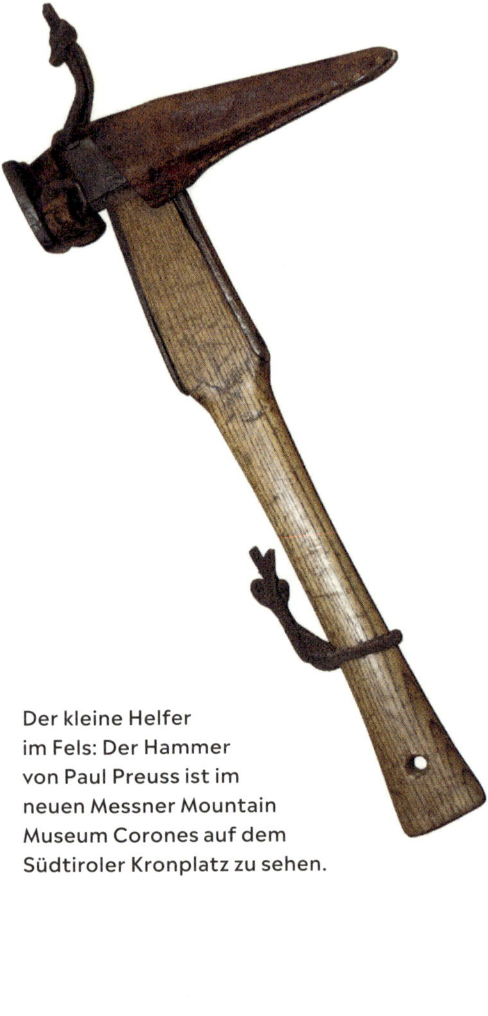

Der kleine Helfer
im Fels: Der Hammer
von Paul Preuss ist im
neuen Messner Mountain
Museum Corones auf dem
Südtiroler Kronplatz zu sehen.

DER PREUSS-HAMMER

Auch der legendäre Freikletterer Paul Preuss verwendete Hammer und Haken, wenn auch nur ungern und sehr selten. Sein »Das Können ist des Dürfens Maß« gilt bis heute

Ich bekam den Preuss-Hammer auf ausdrücklichen Wunsch von Emmy Hartwich-Brioschi, der Jugendfreundin von Paul Preuss, als eine Art Vermächtnis. Er wurde mir 1968 von Norbert Biely, damals der gute Geist der Sektion Bergland Wien des ÖAV, überreicht mit der Auflage, ihn öffentlich zugänglich zu machen oder später einem gleichgesinnten Kletterer »weiterzuvererben«.

Dieser Hammer war eine erste Anregung, das Messner Mountain Museum (MMM) zu schaffen. Und er ist insofern ein Kuriosum, weil Preuss mit seiner strikten Ablehnung des Mauerhakens ja gar keinen Hammer zum Hakeneinschlagen hätte dabeihaben dürfen.

Dass er offen über dieses »Hämmerchen« spricht – »Selbst mein kleiner Kletterpickel musste mehrmals zeigen, was er zu leisten imstande wäre« –, dass er damit auch Haken im Fels eingeschlagen hat, macht Preuss menschlich und seinen Hammer zu einem der wichtigen Zeugen der Geschichte des Kletterns im Fels.

»Noch einmal stieg ich zu der Traverse empor, wieder mit demselben Resultat. Ja wenn ich wüsste, ob der Griff, den ich dort drüben erreichen kann, wenn ich mich ganz schief hinüberlehne, auch hält? ›Schlag dir einen Mauerhaken ein‹, ruft Hüdl herauf, und so ungern ich zu solchen Mitteln greife, so muss ich mich doch damit abfinden. Gar so leicht war auch diese Tätigkeit nicht, und erst nach längeren Manipulationen, nachdem ich zwei Haken eingetrieben hatte, gelingt der schwere Schritt.« So schreibt Paul Preuss im Dezember 1911 in der »Steirischen Alpenpost« über seinen Kompromiss bei der Erstbegehung des Preuss-Pfeilers in der Trisselwand, die unmittelbar über dem Ausseer See etwa 500 Meter hoch aufragt.

»Respekt vor der Natur erwächst aus dem Staunen, nicht aus der Eroberung mit allen Mitteln.«

KLETTERER UND PHILOSOPH

Paul Preuss – als genialer Kletterer auch Philosoph – ist als Denker für das Verständnis der hundertjährigen Freikletterbewegung bis heute eine wichtige Figur. All jene, die sich der Sportkletterbewegung mit Händen und Verstand verschrieben haben, sollen über den Unterschied zwischen Sicherheit und Sicherung nachdenken. Seine Ideen können auch Anregungen sein, Preuss-Touren nachzusteigen – die beim derzeitigen Kletterkönnen von Tausenden frei zu bewältigen sind.

In bestimmten Kreisen wird Paul Preuss immer noch ausgegrenzt: nicht mehr wie zu seinen Lebzeiten als Jude, sondern als Gescheiterter seiner »Ideologie des Wahnsinns«; als »Frauenfeind«; als Opfer »seiner Verstiegenheit«. Wir klassischen Bergsteiger jedoch – Walter Bonatti zum Beispiel, die Huber-Brüder, Albert Precht – haben Verständnis für ihn.

Sein »Das Können ist des Dürfens Maß« gilt noch immer. In den Mitteilungen des Alpenvereins vom Dezember 1911 beschreibt er sechs Prinzipien, die bis heute Grundwerte des Alpinismus sind:

1. Bergtouren, die man unternimmt, soll man nicht gewachsen, sondern überlegen sein.

2. Das Maß der Schwierigkeiten, die ein Kletterer im Abstieg mit Sicherheit zu überwinden imstande ist und sich auch mit ruhigem Gewissen zutraut, muss die oberste Grenze dessen darstellen, was er im Aufstieg begeht.

3. Die Berechtigung für den Gebrauch von künstlichen Hilfsmitteln entsteht daher nur im Falle einer unmittelbar drohenden Gefahr.

4. Der Mauerhaken ist eine Notreserve und nicht die Grundlage einer Arbeitsmethode.

5. Das Seil darf ein erleichterndes, niemals aber das allein seligmachende Mittel sein, das die Besteigung der Berge ermöglicht.

6. Zu den höchsten Prinzipien gehört das Prinzip der Sicherheit. Doch nicht die krampfhafte, durch künstliche Hilfsmittel erreichte Korrektur eigener Unsicherheit, sondern jene primäre Sicherheit, die bei dem Kletterer in der richtigen Einschätzung seines Könnens zu seinem Wollen beruhen soll.

Ein paar Meter, die man nicht klettern kann, machen den Berg unendlich groß. »Die Natur hat uns Menschen ein Bollwerk gesetzt, dessen Überwindung über unsere Kraft geht«, schreibt Preuss.

Das für uns Unmögliche respektieren: Respekt vor der Natur erwächst aus dem Staunen, nicht aus der Eroberung mit allen Mitteln.

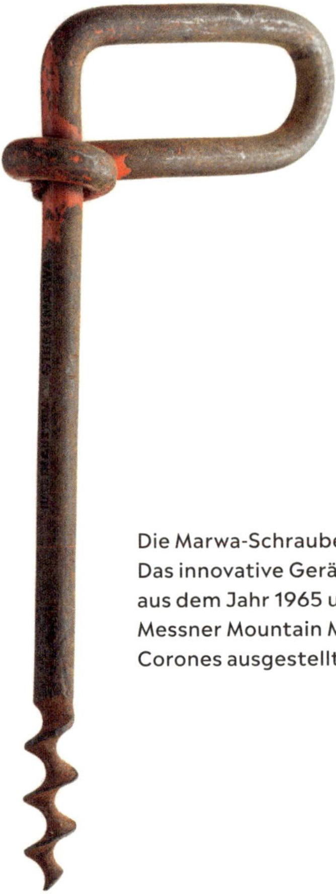

Die Marwa-Schraube:
Das innovative Gerät stammt aus dem Jahr 1965 und ist im Messner Mountain Museum Corones ausgestellt.

KORKENZIEHER FÜRS EIS

Leicht, formschön und einfach zu handhaben: Die Marwa-Schraube revolutionierte das Klettern im Eis

Als ich meine ersten Eiswände in den Ostalpen kletterte – Similaun-Nordwand, Finailspitze-Nordwand, Zebru-Nordwand –, kannten wir nur den Eishaken. Im Grunde waren dies lange und verzahnte Felshaken, wie sie schon Willo Welzenbach in den Zwanzigern des vorigen Jahrhunderts verwendet hatte – erstmals übrigens in der Wiesbachhorn-Nordwestwand im Jahr 1924.

Diese traditionellen Eishaken waren schwer, und ihre Sprengwirkung ließ oft ganze Eiskegel ausbrechen. Wenn sie bei weichem Eis festsaßen, war es eine harte Arbeit, sie wieder herauszupickeln. Und da wegen ihres Gewichts nicht allzu viele mitgenommen werden konnten, war das Heraushacken für den Seilzweiten eine unangenehme Pflicht.

Die ersten Marwa-Schrauben bedeuteten eine Sensation: Ihre Sprengwirkung war viel geringer, sie ließen sich schnell setzen und noch schneller wieder entfernen. Man konnte sie auch als Korkenzieher verwenden, in den großen Wänden der Alpen war aber nur selten eine Flasche Wein im Rucksack.

Meine große Zeit als Alpenkletterer ist eng mit der Marwa-Eisschraube verbunden. Wie beim ersten Alu-Karabiner war ich aufgeregt, als ich die ersten Eisschrauben kaufte. Wir sicherten uns damals mit jeweils zwei dieser Schrauben an den Standplätzen und setzten sie an besonders schwierigen Passagen als Zwischensicherung ein. Natürlich war unser Vertrauen in die dünnen Stahlgeräte nicht das allerbeste, die Herstellerfirma Stubai aber genoss einen sehr guten Ruf. Die Techniker wussten, dass sie ein geniales Produkt entwickelt hatten: relativ leicht, formschön und einfach zu handhaben.

»Meine große Zeit als Alpenkletterer ist eng mit der Marwa-Eisschraube verbunden.«

Der Erfinder dieser Schraube war Sebastian »Wastl« Mariner, daher auch die Bezeichnung MAR(iner)WA(stl). Ich habe den Kletterer und Bergrettungspionier Mariner später kennengelernt und bin ihm immer mit Respekt begegnet.

Heute ist nicht nur die Marwa-Schraube vom Markt verschwunden, sondern auch das Eis in meinen ersten Eiswänden. Sie sind Schuttflanken geworden; die eine oder andere Schraube liegt vielleicht noch im Küchenregal älterer Bergsteiger.

Wir haben damals mit allerlei Hilfsmitteln experimentiert, die Marwa-Schraube war trotzdem immer dabei – bei der Eiger-Direttissima im Winter zum Beispiel, am Frêney-Pfeiler, in der Rupal-Wand –, bis die Rohreisspirale sie ablöste. Im Kaukasus erlebte ich erstmals das Sichern an Titaneisschrauben, und dann kamen Eisgeräte, wie ich sie mir in meiner Jugend nicht einmal ausgemalt hätte. Das Eisklettern wurde leichter, schneller, eleganter – und vor allem sicherer.

Heute bin ich dankbar, dass ich zuerst mit einem Hanfseil, dann mit handgeschmiedeten Haken und später mit modernen Geräten klettern durfte. Denn nur so habe ich lernen können, auf die Geschichte des Bergsteigens zu blicken, das sich seit seinen Anfängen auch an einer verbesserten Ausrüstung entlang weiterentwickelt hat. Und dem Fortschritt wird kein Ende gesetzt, nur der Berg bleibt absichtslos, selbst wenn das Eis mehr und mehr schwindet.

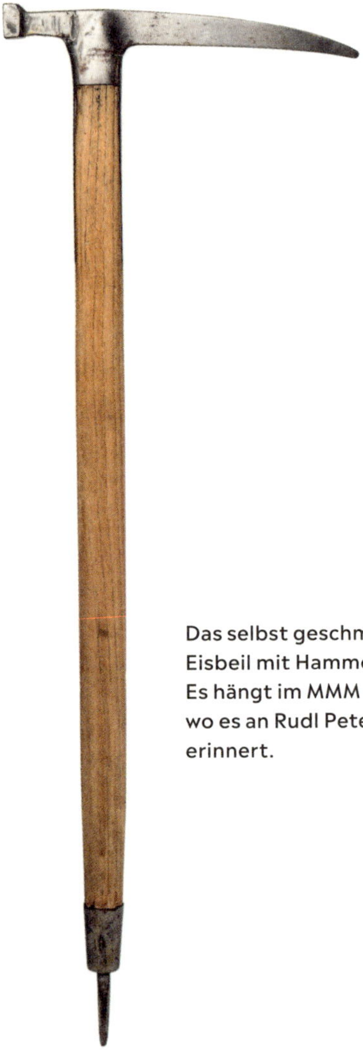

Das selbst geschmiedete Eisbeil mit Hammerkopf. Es hängt im MMM Ortles, wo es an Rudl Peters erinnert.

SIEG UND NIEDERLAGE

Die Nordwand der Grandes Jorasses im Mont-Blanc-Massiv war eines der letzten großen »Probleme« in den Alpen: Bis dem Münchner Rudolf Peters mit Martin Meier im Juni 1935 der erste Durchstieg gelang

»Seit Jahren strebt unser Sinn, unser ganzes Wünschen nach dieser Wand. Für uns ist sie die Wand der Wände, das höchste Ziel in den Alpen. Mit Leib und Leben wollten wir uns hierfür einsetzen und nicht weichen, ehe wir es geschafft haben. Wir wollen den Kampf und nehmen dafür jedes Maß von Mühsal und Gefahren gern auf uns«, schreibt Rudolf Peters 1935 über die Nordwand der Grandes Jorasses im Mont-Blanc-Gebiet. Als ich ihn siebzig Jahre später in München besuche, erzählt er mir über Sieg und Niederlage an »seiner« Wand:

»Gustl Kröner hatte die 1200 Meter hohe Nordwand als das begehrteste aller ›Westalpenprobleme‹ bezeichnet. Die besten Alpinisten versuchten damals, eine Route durch die senkrechten Felsbarrieren und steilen Eisschilde zu finden. 1928 der Bergführer Armand Charlet aus Chamonix, dann die Münchner Leo Rittler und Hans Brehm 1931. Am 13. August entdecken Heckmair und Kröner eine erstarrte Hand, die aus dem Schnee ragt.

Waren Ritter und Brehm von einer Lawine in die Tiefe gerissen worden? Als erste Opfer der Wand?

Trotzdem, Franzosen und Italiener wagen 1934 wie Heckmair, Steinauer und Meier weitere Versuche. Als ich mit Rudolf Haringer in die Wand unterhalb der Pointe Croz einsteige, sind noch sieben Bergsteiger unterwegs: Charlet, Belin, Gervasutti, Chabod und drei Österreicher. Das Rennen um den Sieg beginnt.

Im ersten Biwak fahre ich erschreckt empor, als mir ein feuchtes Seil übers Gesicht streift. Es ist schon Tag. Eine Gestalt am Grat über uns, weiter unten kommt der Begleiter nachgehastet, das Seil schleift über mein Gesicht. ›Verdammt, der Charlet!‹, schimpft Haringer. ›Der Bergführer aus Chamonix, angeblich ist er schon zwanzigmal in der Wand gewesen.‹

»Ohne Zweifel das größte Wagnis, das bisher in den Alpen gelungen ist.«

Haringer soll seine Steigeisen zurücklassen und mit seinen Schuhen mit klassischem Tricouni-Beschlag die Felsarbeit übernehmen, während ich mit den zwölfzackigen Eisen Eishänge und vereiste Felsrinnen zu bewältigen habe.«

Die Zwölfzacker sind das Stichwort.

»Waren sie deine Erfindung?«, frage ich.

»Jedenfalls waren sie selbst gebastelt.«

»Und stimmt es, dass du auch ein erstes Eisbeil dabeihattest?«

»Ja, selbst geschmiedet, meine Erfindung.«

HAGEL IN DER WAND

Rudl Peters steht auf und geht aus dem Wohnzimmer. An der Wand hängt eine vergrößerte Fotografie der Grandes Jorasses mit seiner eingezeichneten Route.

»Eine großartige Linie«, sage ich, als er zurückkommt. Er wiegt sein Eisbeil in den Händen. Statt der Haue ist ein Hammerkopf angeschweißt.

»Mit diesem Eisbeil war ich beim Standbauen schneller. Die Wand haben wir mit seiner Hilfe geknackt.«

»1935?«

»Ja, aber der Rückzug 1934 ist mein Trauma: Wir hatten die Lösung der Aufgabe greifbar vor uns, als sich das Schlimmste ereignete, was geschehen konnte. Im arglosen Hoffen plötzlich dunkle Schatten: Wolken über dem Grat, die unglaublich schnell wachsen, dann Hagelschauer! Zuerst warten wir ab, keine Verständigung mehr, dann wie automatisch der verzweifelte Abstieg, beide Seile zusammengeknüpft.

Bei diesem Rückzug froren unsere Kleider zu harten Panzern aus Eis, Neuschneelawinen rasten über uns hinweg, das Seil bis zum Zerreißen gespannt.

Ich bin gerade dabei, mit dem Eisbeil Stand zu schaffen, als Haringer im weichen Schnee ein paar Schritte quert, um nach einem Biwakplatz zu spähen. ›Nimm das Seil!‹, rufe ich noch, aber er rutscht ab, wie im Schattenriss sehe ich, wie er sich über die Fersen dreht – nein! – und in die Tiefe fällt. Der Schatten rast ins Dunkel, in das Nichts.

Mit angehaltenem Atem horche ich – meine Nerven aufs Äußerste angespannt – und höre in dumpfen Schlägen den eigenen Herzschlag, dann unendlich fern, einen halb erstickten Schrei!

Wieder Stille und das Rauschen gleitenden Schnees.«

Rudl Peters hält inne, sieht mich an – wie nur konnte er dieser Hölle entkommen?, frage ich mich.

»Ein Jahr später ist dir die Wand dann gelungen«, sage ich ganz leise.

OHNE ZWEIFEL DAS GRÖSSTE WAGNIS

»Am 26. Juni 1935 bin ich mit Martin Meier am Einstig der Jorasses-Wand: Föhnlage, die Eisfelder glänzen in der Sonne, die Felsen unter dem Ausstieg eine gelbsplittrige senkrechte Wandflucht.

Mit einem Biwak, vom 28. und 29. Juni 1935, bewältigen wir den Aufstieg. Die zwölfzackigen Steigeisen und das Eisbeil haben es ermöglicht. Schon am 1. und 2. Juli folgten die Schweizer Raymond Lambert und Loulou Boulaz sowie die Italiener Renato Chabod und Giusto Gervasutti. Sie konnten uns nicht einholen.«

»Eine großartige Leistung«, sage ich.

»Für mich liegt immer noch etwas Düsteres über dieser Wand, das Geheimnis, warum ich es überlebt habe.«

Fünfundzwanzig Versuche sind registriert worden, bevor Peters und Meier den Gipfel der Punta Margherita erreichten. Im Nebel am Gipfel richteten sie ein zweites Biwak ein und stiegen dann auf der italienischen Seite nach Courmayeur ab.

Die britische Tageszeitung »Times« schrieb damals: »Ohne Zweifel das größte Wagnis, das bisher in den Alpen gelungen ist.«

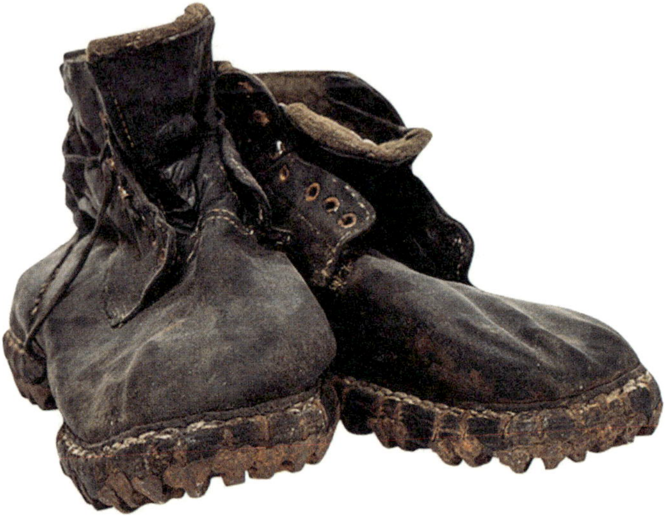

Günther Hepps Schuhe aus dem Jahr 1937. Sie erzählen uns eine Geschichte vom Nanga Parbat und sind heute im MMM Corones auf dem Gipfelplateau des Kronplatzes ausgestellt.

DIE SCHUHE VOM NANGA

Die große Himalaya-Tragödie von 1937: Eine deutsche Expedition mit sieben Bergsteigern und neun Sherpas wird am Nanga Parbat unter einer Eislawine begraben

Es ist der 17. September 2013, mein Geburtstag. Mit einer kleinen Filmcrew sitze ich auf einem Teppich vor dem offenen Feuer und stoße mit einem Glas Rotwein an, den der Filmemacher Andreas Nickel eigens mitgebracht hat. Draußen ist es empfindlich kalt. Fahl glänzt die riesige Rakhiot-Flanke des Nanga Parbat unter einem dunklen Sternenhimmel. Die Laubbäume auf der Märchenwiese vor den Fenstern unseres Rasthauses sind herbstlich verfärbt.

Da tritt ein alter Paschtune in den Raum, geht auf mich zu und hält mir einen schwarzen verwitterten Nagelschuh hin. Ich wiege ihn in den Händen – er ist unmöglich schwer – und frage: »Woher?«

»Aus dem Gletscher«, antwortet er. »Gefunden.«

»Wann?«

»Erst kürzlich.«

»Nur diesen einen Schuh?«

»Nein, es waren viele – wie in einem Nest, gelagert im Eis.«

»Die können nur von der Wien-Expedition von 1937 sein«, weiß ich sofort.

1937 unternimmt die deutsche Expedition unter der Leitung von Karl Wien den – nach den missglückten Versuchen von 1932 und 1934 – dritten Anlauf, den Nanga Parbat zu bezwingen, den mit 8125 Metern neunthöchsten Berg der Erde.

Am 6. Juni 1937 beziehen Wiens Leute Lager IV in 6180 Meter Höhe, unterhalb des Rakhiot Peak. Sein Plan sieht Lager V fünfhundert Meter höher vor. Und Lager VI als Zwischenlager am Grat.

»Nur eine verwehte Spur zieht nach oben, ins Endlose. Zum Grat im Osten. Erst jetzt wird ihm die Katastrophe bewusst.«

Acht Mann sollen von dort zum Silbersattel vorstoßen und Lager VIII so hoch wie möglich errichten – für den Gipfelsturm. »Von diesem letzten Lager gehen die beiden Besten zum Gipfel, während die anderen den Rückzug decken«, war des Expeditionsleiters Befehl.

Aber das Wetter will nicht besser werden. Es schneit, die Temperatur sinkt in der Nacht auf minus 23 Grad. Erhöhte Lawinengefahr! Wien verlegt das Lager also fünfzig Meter höher, auf den Platz der Expedition von 1934. Am 12. Juni wird versucht, Lager V einzurichten, die Männer aber bleiben stecken. Im tiefsten Triebschnee.

EINE VERWEHTE SPUR INS ENDLOSE

Am 14. Juni endlich Sonnenschein. Sieben Bergsteiger und neun Sherpas sind im Lager. Wien lässt Lasten für Lager V höhertragen und ein Depot anlegen. Hans Hartmann, der Arzt, notiert in seinem Tagebuch: »Es ist wunderbar schön, und ich steige heute so leicht und ohne schnaufen zu müssen. Den ganzen Tag steht mir heute ein feines Lächeln im Gesicht.« Alle kehren ins Lager IV zurück.

Als der Wissenschaftler Ulrich Luft, der die Expedition begleitet, am 18. Juni mit fünf Trägern und Proviant zum Lager IV aufsteigt – seit dem 15. Juni ist das Wetter strahlend schön – nimmt er an, der Gipfelsturm sei in vollem Gange. Im Lager III bleiben alle Träger zurück, er geht allein weiter. Er hat Post von zu Hause dabei und will die Kameraden nicht warten lassen.

Als er gegen Mittag den Lagerplatz erreicht, ist die flache Mulde leer. Absolute Stille ringsum. Nur eine verwehte Spur zieht nach oben, ins Endlose. Zum Grat im Osten. Erst jetzt wird ihm die Katastrophe bewusst: »Unmittelbar vor mir hatte eine Lawine von gewaltigen Ausmaßen eine Fläche von 400 Meter Länge und 150 Meter Breite mit gigantischen Eisblöcken überschüttet. Nicht die geringste Spur eines Lagers ist zu sehen. Tausende Kubikmeter Eis sind darüber hinweggegangen.«

Am 20. Juni trifft die schlimme Nachricht in München ein. Paul Bauer, der Mentor von Wien, will es nicht glauben. Sieben Bergsteiger und neun Sherpas sind tot! Bauer organisiert eine Bergungsaktion. Mit britischen und niederländischen Zivilflugzeugen kommen Fritz Bechtold, Karl von Kraus und Bauer nach Karatschi, in einem britischen Militärflugzeug weiter nach Gilgit. Am 7. Juli treffen sie Ulrich Luft, am 15. Juli beginnen sie die Bergung der Toten.

Sie finden die Zelte und in ihnen Martin Pfeffer – seine Uhr ist zwanzig Minuten nach Mitternacht stehen geblieben –, Hans Hartmann, Pert Fankhauser, Günther Hepp und Karl Wien. Über dem Zelt von Peter Müllritter und Adolf Göttner liegt ein riesiger Eisblock, der nicht zu bewegen ist. Man birgt Tagebücher, Briefe, Fotoapparate, persönliche Habseligkeiten. Die genagelten Schuhe werden auf einen Haufen geworfen und bleiben liegen.

Die tödliche Lawine – aus einem Eisturm – muss mitten in der Nacht hoch oben abgebrochen sein. Sie raste auf das Lager zu und begrub alle Zelte und Männer unter sich. Der Paschtune hört sich meine Geschichte an, geht fort und kommt mit dem zweiten Schuh zurück.

Die Erstbesteigung des Nanga Parbat sollte erst dem Tiroler Hermann Buhl im Jahr 1953 gelingen.

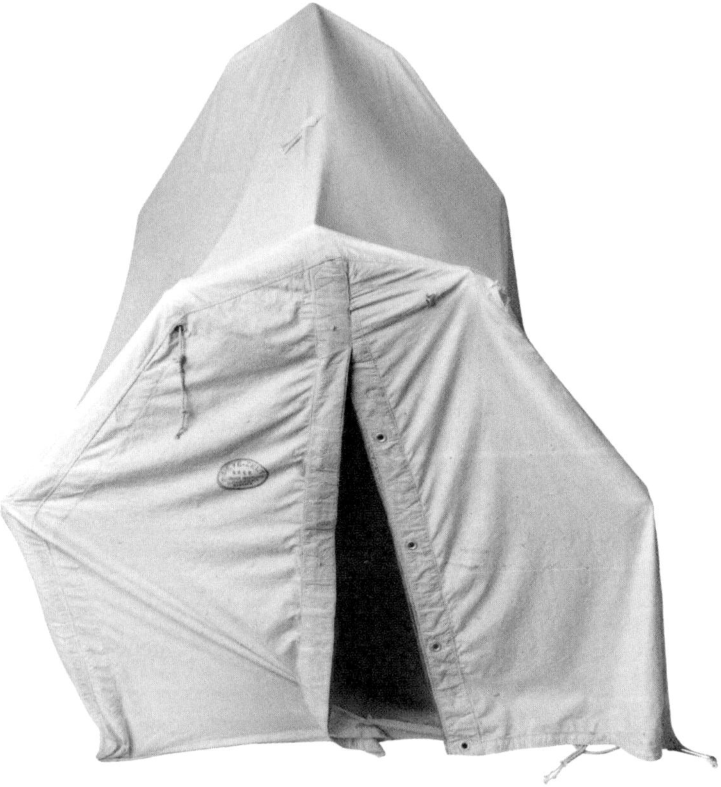

Heckmairs Zelt, 1938. Dieses Zelt war das Basislager für Anderl Heckmair, der im Juli 1938 die Nordwand des Eigers erstmals durchstieg. Heute ist das Zelt im Messner Mountain Museum Firmian ausgestellt.

DAS ZELT ALS SEHNSUCHTSORT

Woran man denkt, wenn man abstürzt. Über die Erstbesteigung des Eigers durch die Nordwand

»In den Zeiten der Wirtschaftskrise und der Arbeitslosigkeit wuchs im verarmten Deutschland und Österreich eine neue Bergsteigergeneration heran. Sie war auf Fahrrädern unterwegs, nächtigte kostenlos in Zelten und Heustadeln. Vielen jungen Bergsteigern schien das Klettern eine tröstliche Alternative zu sein. Der Bergvagabund wurde zu einem Begriff.« So beschreibt der Alpinhistoriker Fritz Schmitt das Leben der Bergsteiger der 1930er-Jahre.

Der Deutsche Anderl Heckmair war einer von ihnen und zweifellos einer der besten seiner Zeit. Wir haben uns öfter getroffen, er erzählte von seinen Touren und natürlich: von der Eigerwand.

Er nächtigte in seinem Zelt auf einem Rasenfleck oberhalb von Alpiglen, bevor er 1938 in die Eigerwand einstieg, zusammen mit dem Münchner Wiggerl Vörg. In der Rampe haben sie zwei Österreicher, Fritz Kasparek und Heinrich Harrer, überholt. Dunkle Felswände – senkrecht, mit Eiszapfen behangen – türmten sich hinter ihnen auf. Kein Mensch vor ihnen hat diese Welt gesehen. Alle vier sind sich einig – dort ist der beste Weg, die »Rampe«.

Heckmair steigt voran. 150 Meter führt diese Rampe links haltend hinauf, verengt sich höher oben immer mehr und wird zu einem überhängenden Eiskamin. Auf der einen Seite schwarzes Wassereis, auf der anderen brüchiger Fels. Plötzlich kommt Nebel auf, der bald alles verhüllt. In der Tiefe ahnen sie das Tal, vom Zelt ist nichts mehr zu sehen. Immer dichtere Nebelfetzen hüllen Zacken und Türme ein.

»Dunkle Felswände – senkrecht, mit Eiszapfen behangen – türmten sich hinter ihnen auf. Kein Mensch vor ihnen hat diese Welt gesehen.«

Sie müssen einen Biwakplatz finden. Unter einem kleinen Überhang beschließen sie zu bleiben. Plötzlich reißt der Nebel auf, sie schaudern beim Blick in die Tiefe: Vor ihren Füßen geht es 1500 Meter lotrecht hinab. Was für eine Exposition. An Standhaken gesichert, stehen sie da, kochen. Später versuchen sie zu schlafen. Eine solche Nacht in der Wand ist die reine Qual. Heckmair träumt von seinem Zelt. Es ist kalt, sie frösteln, sitzen nebeneinander auf einem schmalen Felsband im Zdarsky-Sack, der einzige Schutz hier oben. Ein Zelt – und sei es noch so klein – ließe sich hier nicht aufbauen.

In der Eigerwand gibt es wenige Biwakplätze, die tauglich für Zelte sind. Dazu ist Heckmairs Zelt recht fragil: dünner Boden, Baumwollplane, Holzgestell. Gerade groß genug für eine Person. Wie aber zurück aus dieser Wand, zurück zum Zelt, zum normalen Leben?

Sie sind schon zu hoch oben in der Wand. Sie müssen durch, nur am Gipfel ist Rettung. Noch ein weiteres Mal müssen sie biwakieren. Es ist empfindlich kalt. Kochen ist schwierig, weil kein Platz ist, den Kocher hinzustellen. Ständig stürzen kleine Lawinen über die Männer hinweg. Heckmair: »Vörg lässt mich meinen Kopf auf seinen Rücken legen. Ich bin schrecklich müde, schlafe fest ein und erwache mit dem Gefühl, in meinem Zelt zu liegen. Um 12 Uhr nachts.«

IN DER EIGER-HÖLLE

Der letzte Tag in der Wand ist der schlimmste. Alle Knochen schmerzen, Füße und Hände sind gefühllos, die Hoffnung, der Eiger-Hölle zu entkommen, schrumpft: wegen der Schneerutsche von oben, der schlechten Sicht, der großen Schwierigkeiten in den Ausstiegsrissen. Und immer noch drohen Gefahren. Ein Eisüberhang ist zu überklettern, kein Haken hält: »Ich stehe acht Meter über Vörg in einem engen Riss, kein Platz für die Füße. Urplötzlich verliere ich das Gleichgewicht, rutsche – ich stürze –, ein Eishaken bricht aus; ich fliege hinunter – denke, es ist aus, denke an das Zelt –, in diesem Augenblick werde ich von Vörg aufgefangen, gehalten.«

Am 24. Juli 1938 schließlich erreichen die vier Männer erstmals den Gipfel des Eigers über die berühmte Nordwand. Es ist sonderbar, welche Gedanken uns in Extremsituationen am Ende der Welt durch den Kopf gehen – dabei kann eine Person, eine Sache, eine Idee als Sehnsuchtsbild lebensrettend sein.

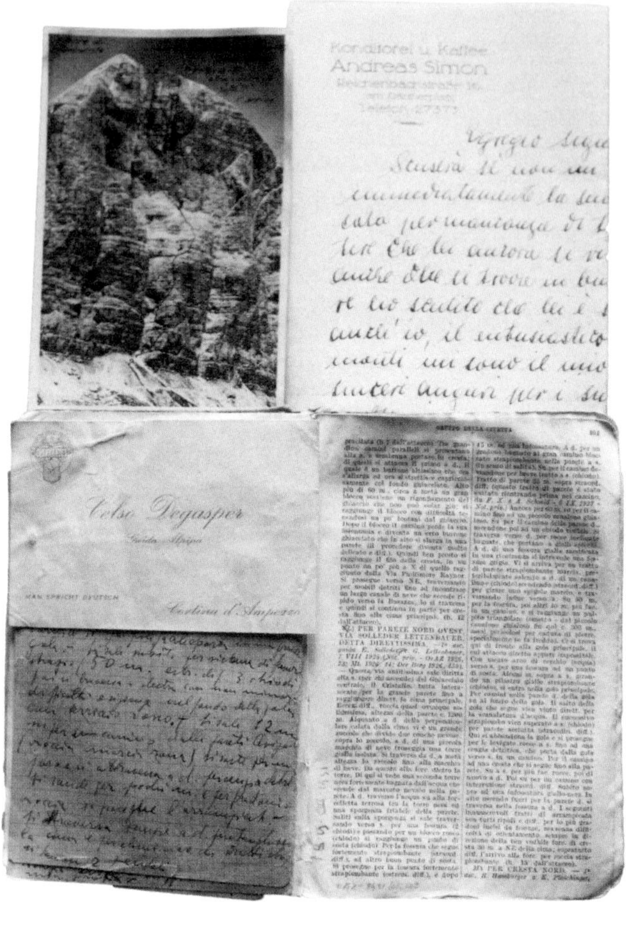

Der Chronist der Dolomiten:
Castiglionis Aufzeichnungen und Briefe sind wertvolle Dokumente für die Dolomiten-Geschichtsschreibung.

ETTORES ERBE

Kühne Erstbegehungen und präzise Aufzeichnungen: Ettore Castiglione ist ein herausragender Zeuge der alpinen Klettergeschichte

Giovanni Andrich, Raffaele Carlesso, Riccardo Cassin, Emilio Comici, Bruno Detassis, Gino Soldà, Attilio Tissi, Gian B. Vinatzer und Ettore Castiglioni – das sind die Namen der Kletterer, die zwischen den beiden Kriegen die Szene in den Dolomiten bestimmten.

Ihr Erbe verpflichtet. Sie folgten fast ausschließlich naturgegebenen Linien, der Bohrhaken war verpönt, und man kletterte frei – wie in den Nördlichen Kalkalpen Raimund Schinko, Hias Rebitsch oder Anderl Heckmair. Später wurden Passagen, die sie frei gemeistert hatten, mit Haken entschärft, die ursprünglichen Bewertungen der Schwierigkeit verfälscht.

Ettore Castiglioni wurde am 18. August 1908 in Mailand als Sohn einer angesehenen Familie geboren. Er studierte Rechtswissenschaften, war engagierter Gegner Mussolinis und Antifaschist. Am 4. Juni 1944 wurde seine Leiche einige hundert Meter unterhalb des Fornopasses gefunden. Erfroren auf der Flucht.

Aber nicht Gesetzbücher und Paragrafen in Gerichtssälen, die Wände der Dolomiten waren seine Welt. Hinterlassen hat er uns neben ein paar Dutzend Erstbegehungen einen Schatz an Dokumenten aus jener Zeit – in seinen Aufzeichnungen zu einem geplanten Kletterführer. Zielbewusst und verantwortungsvoll schrieb er an vier alpinen Führern, die an Genauigkeit und Vollständigkeit kaum zu übertreffen sind, hat doch der Autor die meisten Wege selbst gemeistert oder mit anderen Wiederholern und Erstbegehern korrespondiert: in deutscher, slowenischer und spanischer Sprache. Seine Korrespondenz, die, eingelegt in mehreren Führern, kürzlich aufgetaucht ist, bleibt eine wertvolle Basis jeder Dolomiten-Geschichtsschreibung.

»Ihr Erbe verpflichtet. Sie folgten fast ausschließlich naturgegebenen Linien, der Bohrhaken war verpönt, und man kletterte frei.«

Seine großen Erstbegehungen – die Westwand der Cima della Busazza in der Civetta, 1100 Meter hoch, mit Celso Gilberti geklettert; die Südwand an der Marmolada di Rocca; eine Serie neuer Routen in der Brenta – sind kühn in der Linienführung. Nur die Südwestwand an der Punta di Penia der Marmolada haben ihm Soldà und Conforto weggeschnappt.

An die hundert Neutouren gehen auf sein Konto, und die vielen Zettel in seinen Tourenbüchern erzählen davon. Dazu hat er Briefe gesammelt – von Attilio Tissi, Bortolo Zagonel oder Franz Wenter.

Castiglioni kletterte mit Gian B. Vinatzer, Luigi Micheluzzi und Bruno Detassis. Er war im Wallis, im Bergell, im schottischen Bergland und in den Anden Patagoniens unterwegs. Er hatte wie kein anderer aus seiner Zeit die Übersicht über die Kletterentwicklung, die Zeit des »Sesto Grado«, in der das Klettern auf sechs Schwierigkeitsgrade beschränkt war. Nicht nur deshalb sind seine handschriftlichen Notizen so wertvoll. Sie bleiben Orientierungshilfen aus einer kommunikationsarmen Zeit.

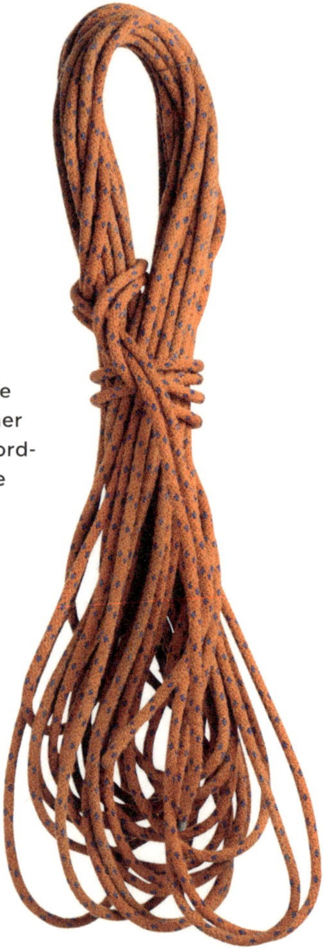

Die 30-Meter-Perlon-Reepschnur, die Hermann Buhl bei seiner Solo-Begehung der Nordostwand des Piz Badile dabeihatte. Sie ist im Messner Mountain Museum Corones ausgestellt.

PER RAD, ABER MIT SEIL

Wie der Tiroler Hermann Buhl, Erstbesteiger des Nanga Parbat, mit dem Fahrrad in die Schweiz fuhr, um den Piz Badile solo zu durchklettern

Hermann Buhl war sehr hager und sah recht hungrig aus, sagte der Tiroler Freikletterer Mathias Rebitsch, ein Zeitgenosse Buhls, über ihn: »In seinen Augen brannte es.«

Wie dieser Buhl zur Legende wurde, ist ein Lehrstück in der Kunst der Steigerung: »Badilewand seilfrei.« »Eiger-Nordwand im Wettersturz.« »Tofanapfeiler mit Biwak.« »Nanga Parbat im Alleingang.« Dass mit diesen Sensationsmeldungen die Neugierde der Öffentlichkeit wuchs und die Genauigkeit der Berichterstattung litt, merkte Hermann Buhl selbst nicht. Er wollte weiter, höher hinauf. Er wollte bis an die Grenze des Machbaren.

Anfang Juli 1952 entschließt er sich, die Nordostwand des im Schweizer Kanton Graubünden gelegenen Piz Badile solo zu klettern. Bedingt durch seine finanzielle Lage beginnt er die Tour mit dem Fahrrad. Am Freitagabend, dem 4. Juli, geht's von Innsbruck im Abendschnellzug nach Landeck und weiter per Fahrrad. Um Mitternacht erreicht er die Schweizer Grenze, legt sich abseits der Straße hin. Um vier Uhr früh sitzt er wieder im Sattel, radelt innaufwärts, Richtung Malojapass. Endlich erreicht er Promontogno, den Ausgangspunkt zur Sciora-Hütte. Buhl schultert den Rucksack und geht das Bondasca-Tal hinein. Unter einem Wasserfall kühlt er seinen schweißtriefenden Körper. Über ihm stehen die Granitmauern der Sciora-Berge. Um 19 Uhr erreicht er die Hütte.

EIN OZEAN AUS STEIN

Mit der Morgensonne steigt er in die Wand ein. Über ihm ein vertikaler Ozean aus Stein. Buhl: »Nur die 30-m-Perlon-Reepschnur, einige Seilschlingen, Karabiner und Haken, der Kletterhammer sowie etwas Proviant und der Fotoapparat verschwinden in meinem Kletterrucksackl.«

»Er wollte weiter, höher hinauf. Er wollte bis an die Grenze des Machbaren.«

Über harten Firn erreicht er in Kletterpatschen die riesigen Plattenschüsse. Am Beginn der 30-Meter-Verschneidung wird »das Seil umgebunden, Seilschlingen, Fotoapparat sowie Schlosserei umgehängt«.

Buhl steigt zügig, elegant, gleichmäßig. Er ist im Flow, windet, schiebt sich durch Kamine, spreizt über Verschneidungen, Meter für Meter empor, das freie Seilende schlängelt unter ihm nach. Er geht alles ohne Sicherung – »Was hätte sie beim Alleingang auch für einen Wert?«. Damit vermeidet er umständliche Seilmanöver. Einmal nur hilft er sich mit dem Seil einen Überhang hinauf, findet einen Karabiner von Lionel Terray, ein anderes Mal schiebt er sich »im Dülfersitz über eine glatte Platte zentimeterweise nach rechts«, weil für die Hände keine Griffe zu finden sind. Dann wieder reine Freikletterei.

Hermann Buhl: »Es gibt wohl nichts Schöneres, als so unbeschwert, frei von jedem Kletterwerkzeug, leichten Fußes höherzuturnen – genauso wie früher ein Preuss oder Dülfer –, nur auf sich selbst vertrauend, wachen Auges und mit viel Feingefühl in Finger- und Zehenspitzen.«

Italienische Bergsteiger beobachten Buhl von oben. Als er um 10:30 Uhr am Gipfel ist, gibt es ein großes Hallo. Die Italiener wollen ihn nach Lecco mitnehmen, doch er muss nach Promontogno absteigen, weil dort sein Fahrrad steht und er anderntags wieder in Innsbruck, zur Arbeit, sein will. Über die Badilekante klettert er ab – ohne Benützung des Seils.

Buhl hat damit eine der großen Alpenwände solo durchstiegen, wie im Traum. Auf der Heimfahrt übermannt ihn durch die monotone Bewegung die Müdigkeit. Er stürzt mit seinem Fahrrad an der Pontlatzer Brücke in den Inn: 15 Kilometer vor Landeck.

Diese Rad-und-Kletter-Tour ist inzwischen Legende. Allerdings fand sie nicht – wie oft berichtet wird – seilfrei statt. Buhl beschreibt im Detail, wie er seine Reepschnur getragen, nachgezogen und eingesetzt hat. Das »Buhl-Seil« vom Badile, das er einem Münchner Freund vor der Broad-Peak-Expedition zur Bewahrung überließ, hängt heute im Messner Mountain Museum Corones, am Kronplatz in Südtirol – zur Erinnerung an eine geniale Tat und als Beweisstück für eine Tatsache, die Buhl stets richtig geschildert hat.

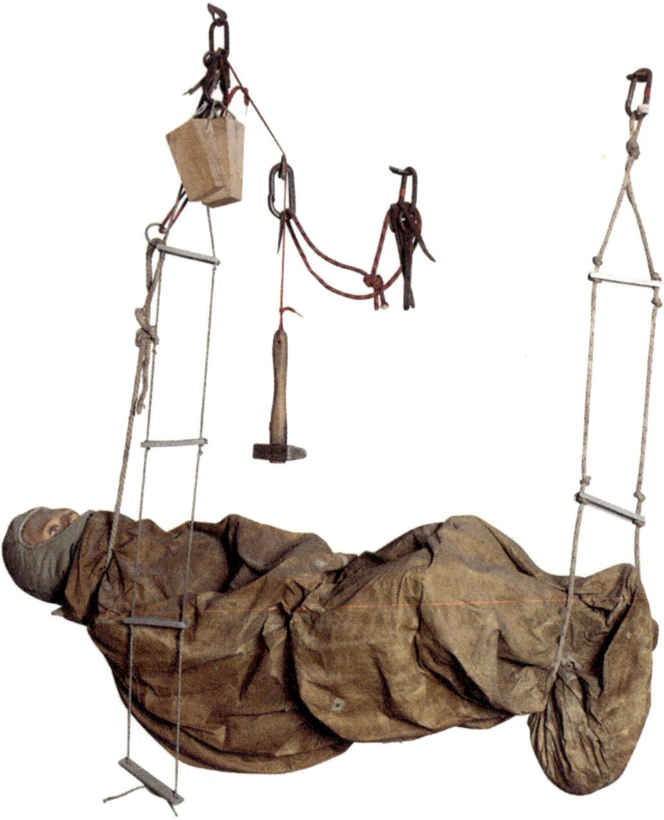

Bonattis Biwaksack, 1955. Die Erstbesteigung des Südwestpfeilers der Kleinen Dru schaffte Walter Bonatti im Alleingang. Der Biwaksack, der heute im Messner Mountain Museum Firmian ausgestellt ist, bot ihm dabei minimalen Schutz.

SECHS TAGE IN DER WAND

Wie Walter Bonatti im Mont-Blanc-Massiv Grenzen überschritt und sich selber fand

Der Italiener Walter Bonatti ist einer der wenigen, die man als allseitige, perfekte Bergsteiger bezeichnen kann. Er war klein und schlank, seine Ausdauer ein Phänomen. Ohne Sauerstoffgerät und ohne Schutz hat er 1954 am K2 auf mehr als 8000 Meter Meereshöhe eine Nacht überstanden. Damals war er mit 23 Jahren zwar der jüngste Teilnehmer der Expedition, aber der stärkste und für den Gipfel prädestiniert.

Infolge von Intrigen blieb ihm die Erstbesteigung des K2 versagt. Dafür sorgte er 1955 am Südwestpfeiler der Petite Aiguille du Dru im Mont-Blanc-Massiv für eine alpinistische Sternstunde: am BonattiPfeiler, wie wir Kletterer seine Route nennen.

Nachdem er schon die Nordwand der Großen und die der Westlichen Zinne im Winter durchstiegen hatte, zog er jetzt einen riesigen Rucksack mit Nahrungsmitteln für sechs Tage, mit Kocher und Brennstoff, mit Biwak-Ausrüstung, mit 79 Haken, zwei Hämmern, zwei Strickleitern und Seilen durch die Überhänge des Südwestpfeilers der Kleinen Dru.

Das vierte Biwak erlebt er auf einem Band wenig unterhalb einer eindrucksvollen Mauer aus Dächern und Überhängen. Ob es ein Durchkommen gibt? Sein ganzer Körper schmerzt, die Hände sind übel zugerichtet, alles tut weh. Dazu Unsicherheit und Angst. Als er in den Biwaksack schlüpft, ist es Nacht.

Noch während er die Biwakhülle, die zu reißen droht, mit Haken und Schnur flickt, schläft er vor Erschöpfung ein. Der Wind pfeift durch die Löcher, dementsprechend schlecht ist seine Nacht. Am Morgen noch mehr Kälte. Seine Hände sind voller Schwielen, von so vielen Wunden übersät, dass er nichts berühren kann, ohne unerträgliche Schmerzen zu spüren, der Ringfinger ist entzündet. Während der Nacht hat sich sein Zustand verschlimmert. Bonatti schafft es, mit Massagen den Fingern ihre Beweglichkeit so weit zurückzugeben, dass er weiterklettern kann. Als er an diesem Tag endlich aufbricht, steht die Sonne schon hoch.

»Ob es ein Durchkommen gibt? Sein ganzer Körper schmerzt, die Hände sind übel zugerichtet, alles tut weh. Dazu Unsicherheit und Angst.«

Die Kletterei führt ihn durch gewaltige Überhänge, zuletzt nutzt er eine Folge von Verschneidungen und Rissen. Am fünften Tag hat er die extremen Schwierigkeiten unter sich, seine Hände sind wie betäubt und hinterlassen Blutspuren. Auf einer bequemen Plattform verbringt Bonatti das fünfte Biwak. Es ist dunkel, und von unten dringen Rufe herauf, winzige Lichter sind zu sehen. Es sind Freunde, die ihm anderntags beim Abstieg entgegenkommen wollen.

EINE UNTRENNBARE EINHEIT

Plötzlich, nachdem er lange Zeit vom Alltagsleben weit entfernt war, fühlt sich Bonatti wie neugeboren. Seine Hände sind immer noch klamm, brennender Durst quält ihn, und scharfe Felsformationen versperren den Weiterweg. »Aus dem Biwaksack gekrochen, finde ich mich selbst wieder, und das genügt mir, um die Intensität des Erlebten, dessen Elemente – Fels, Eis, Kälte, die Abgründe, das Majestätische und Dauerhafte – zu verinnerlichen, bis ich ein Teil davon werde. Ich und der Berg: eine untrennbare Einheit jetzt.«

Bonatti hat nicht nur den Dru-Pfeiler bezwungen, er hat dabei weit entfernte, unsichtbare Grenzen überschritten, seinen inneren Knoten gelöst, der seit dem K2-Gipfelgang sein Leben beengte. 2004, also fünfzig Jahre nach seinem Biwak am K2, schenkte mir Walter Bonatti den Biwaksack von der Dru fürs Museum.

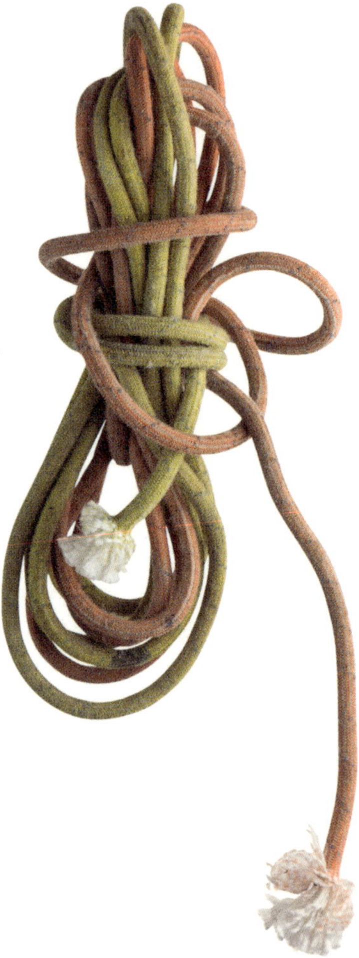

Das Seil, an dem der große französische Bergsteiger Lionel Terray 1965 in den Tod stürzte. Es ist im Messner Mountain Museum Firmian zu sehen.

DAS SEIL VON LIONEL TERRAY

Über einen der Großen des Alpinismus, dem eine Rettungsaktion nach der Erstbesteigung der Annapurna im Himalaya glückte, aber ein Seilriss in den Alpen zum Verhängnis wurde

Ein englischer Journalist bricht beim Anblick des Seils, an dem Lionel Terray ums Leben kam, in Tränen aus. Zu Besuch bei der Witwe des Bergsteigers findet er es im Keller ihres Hauses in Chamonix. Gerührt nach der Lektüre dieser Episode, wage ich es, einen Brief an die Witwe Terray zu schreiben mit der Bitte um ein Stück des Seils – als »Reliquie« für mein Museum. Wenige Tage später liegt ein Paket bei der Post. Die Absenderin: Marianne Terray.

»Ich muss auf der Leiter hinabsteigen. Kräfte und Mut nehmen langsam ab. Bald schon werden die Alpen für mich wieder zu jenen schrecklichen Gipfeln werden, die sie mir in meiner Jugend gewesen sind. Falls wirklich kein Fels, kein Eissturm und keine Spalte irgendwo auf dieser Erde meiner harren, den Lauf zu enden, wird der Tag kommen, an dem ich, alt und müde, den Frieden unter Tieren und bei Blumen finden werde. Dann hat sich der Kreis geschlossen, denn endlich bin ich der schlichte Hirte, der zu werden ich als Kind geträumt.«

Mit diesen Sätzen endet die Autobiografie des vierzigjährigen Lionel Terray, mit Hermann Buhl und Walter Bonatti einer der drei Großen des Alpinismus knapp nach dem Zweiten Weltkrieg. Wie in einem Gedicht klingen die Namen der Gipfel, die er bestiegen hat. Fast immer als Erster: Eiger, Piz Badile und Walkerpfeiler in den Alpen; Fitz Roy in Patagonien; Chacraraju und Taulliraju in den Anden; Nilgiri, Jannu, Chomo Lönzo und Makalu im Himalaya; Huntington in Alaska. Der 1921 geborene Haudegen aus Grenoble war Bergführer und immerzu aktiv. Er war stark, risikofreudig. Er und Louis Lachenal bildeten zusammen ein einmaliges Team, sie galten zu Recht als *die* französische Seilschaft der Nachkriegszeit.

»Der wahre Höhepunkt beim Bergsteigen ist immer das Herunterkommen, das Zurückkommen ›von einem anderen Stern‹ in die Menschenwelt.«

Sein größtes Abenteuer aber war die Annapurna-Expedition im Jahr 1950, bei der sein Seilkamerad Lachenal mit Maurice Herzog den ersten Achttausender besteigen konnte. Lionel Terray gehörte bei dieser Erstbesteigung der Annapurna zur Mannschaft.

Terray war nicht am richtigen Ort, als die Zeit für den Gipfelgang gekommen war. Lachenal führte Expeditionsleiter Herzog zum Gipfel auf 8091 m hinauf. Die erste Besteigung eines Achttausenders war geglückt.

Die Probleme kamen beim Abstieg, das Wetter verschlechterte sich dramatisch. Jetzt galt es, die »Sieger über den Achttausender« in Sicherheit zu bringen. Sie sollten nicht sterben!

Terray, ein Kraftmensch, rannte in die Nebelwelt hinein, um den gestürzten und verletzten Lachenal zu retten. Seine Kräfte und sein Wille waren enorm, doch diese Situation brachte auch ihn an seine Grenzen. Lachenal nannte Terray, der inzwischen schneeblind war, einen Narren und hockte sich immer wieder in den Schnee. Er wollte ein Loch in den Schnee graben und besseres Wetter abwarten.

Trotz alledem schleppte Terray seinen Freund Lachenal hinter sich her. Er hielt ihn am Seil, redete einmal beruhigend, dann befehlend auf ihn ein. Und Lachenal folgte, trottete Terray hinterher, den selbst ein Träger führte. Als sich die Gruppe dem Lager näherte, kam es zu erschütternden Szenen.

Terray selbst ging gebeugt wie ein Kranker. Mühsam schleppte sich der stärkste Mann der Expedition dem sicheren Lager entgegen, unsicher auf den Beinen und schmerzverzerrt das Gesicht. Beim ersten Anblick des Daherwankenden weinte sogar der Expeditionsarzt Jacques Oudot.

Der wahre Höhepunkt beim Bergsteigen ist immer das Herunterkommen, das Zurückkommen »von einem anderen Stern« in die Menschenwelt.

Terray sollte fünf Jahre später auf seinem ersten Achttausender stehen, 1955 als Mitglied einer neunköpfigen Expedition bei der Erstbesteigung des 8485 Meter hohen Makalu.

Nur zehn Jahre später, im September 1965, traf die Nachricht ein, dass Lionel Terray beim Klettern am Gerbier-Gipfel im Vercors-Massiv der französischen Alpen tödlich abgestürzt war. An einer schwierigen Route, zusammen mit Marc Martinetti: Seilschaftssturz – die Selbstsicherung hatte nicht gehalten.

Lionel Terray, der »Eroberer des Unnützen«, wie er sein viel gelesenes Buch betitelte, hinterließ einen starken Eindruck in der Welt des Bergsteigens. Er war ein liebenswerter Mensch und ein großzügiger Bergsteiger, der für immer seinen Platz in der Geschichte des Alpinismus hat.

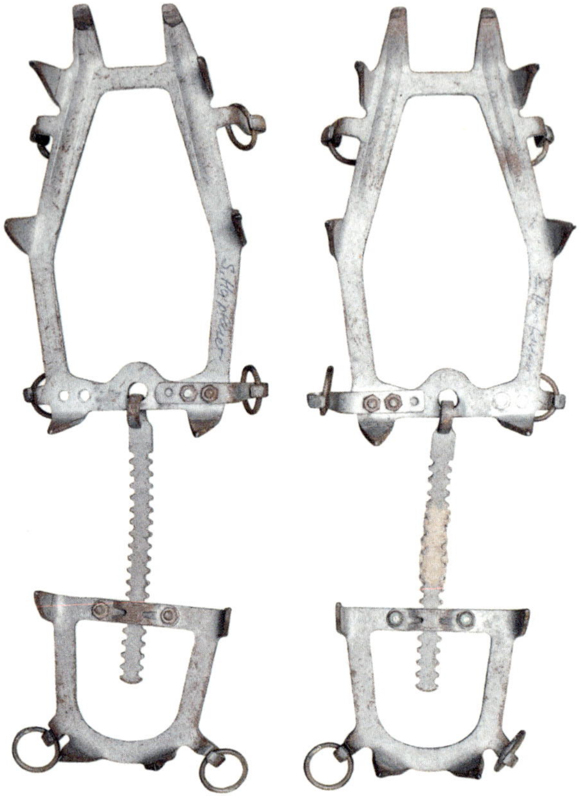

Sigi Hupfauers Steigeisen wurden von der Firma Salewa aus Stahl gefertigt. Die zwölf Zacken aus Hartmetall halten ihre Schärfe im Eis besonders lange.

HUPFAUERS EIGER-STEIGEISEN

Von der Nordwand auf die höchsten Berge der Welt

Die Eiger Wand hat uns junge Bergsteiger in den 1960er-Jahren fasziniert. Wegen der Geschichte ihrer Ersteigung und ihrer Wandhöhe von 1800 Metern. Dann die berühmten Wiederholer, die vielen dramatischen Begehungen, die Toten! Wer damals »die Eiger« gemacht hatte, war ein Bergsteiger, ein ernst zu nehmender Bergsteiger. Als das Winterbergsteigen in Mode kam, wurde sie noch einmal interessanter.

Ich habe 1968 den Nordpfeiler links der Wand erstbegangen – gemeinsam mit meinem Bruder Günther, Toni Hiebeler und Fritz Maschke. Das war eine lange, aber keine schwierige Tour, bei der wir größtenteils im Schneefall kletterten. Fast wie im Winter.

1969 wagte ich einen Alleingang in der klassischen Nordwand, gab aber wegen Steinschlag im Vorbau auf. Damals schon schielte ich beim Rückzug in die Harlin-Route, die bald nach der ersten Begehung wieder vergessen war. Zu Unrecht, wie ich meine.

Einer ihrer Erschließer war Siegfried Hupfauer aus Ulm. Gemeinsam mit einer kleinen Gruppe schwäbischer Spitzenbergsteiger setzte er unter dem Ideengeber Peter Haag Akzente im Bergsteigen: 1966 gelang ihnen im Wettstreit mit britischen Alpinisten die Eigernordwand über diese direkte Route, die Harlin-Direttissima. Noch dazu mitten im Winter! Dougal Haston, damals der herausragendste Kletterer Großbritanniens, Jörg Lehne und Sigi Hupfauer bildeten die Gipfelseilschaft, nachdem John Harlin wegen eines gerissenen Fixseils in den Tod gestürzt war.

»Wer damals ›die Eiger‹ gemacht hatte, war ein ernst zu nehmender Bergsteiger.«

Dem Chronisten Toni Hiebeler missfiel, dass die Expedition nach Harlins Tod nicht abgebrochen wurde. Vielleicht auch, weil seine eigene Winterbegehung damit relativiert wurde.

Zwei Jahre danach, 1968, reisten Siegfried Hupfauer und einige seiner Eiger-Kletterpartner im Rahmen einer Herrligkoffer-Expedition zum Nanga Parbat. Es ging um die erste Begehung der 4500 Meter hohen Rupalflanke. Das Vorhaben scheiterte zwar, die Wand wurde jedoch bis auf über 7000 Meter erkundet und brachte den Alpinisten viel an Erfahrung.

Sigi Hupfauer wurde zu einem der erfolgreichsten Höhenbergsteiger seiner Zeit: viele Sechstausender, elf Siebentausender und acht Achttausender hat er bestiegen. In den Bergen ist er immer noch unterwegs: mit seiner Frau Gabi, mit der er auf drei Achttausendern stand; als Wanderführer; auch als Erzähler auf der Bühne. Schmal ist er geworden, buckelig wie auch ich und »stad«, wie wir in Südtirol sagen, wenn wir den Berg langsamer angehen. Ich bin Sigi Hupfauer oft begegnet – im Himalaya, in Patagonien und im Museum Firmian bei Bozen. Dort hängen auch seine Steigeisen von der Eiger-Direttissima. Die Tage und Nächte unter dem Gipfel – Sturm, Kälte, das Ausgesetztsein – müssen die Hölle gewesen sein, nicht für die Steigeisen, sondern für die Männer, die den letzten Schritt wagten. Die Winter damals waren noch Winter, Nahtoderfahrungen real, nicht Vorstellung allein.

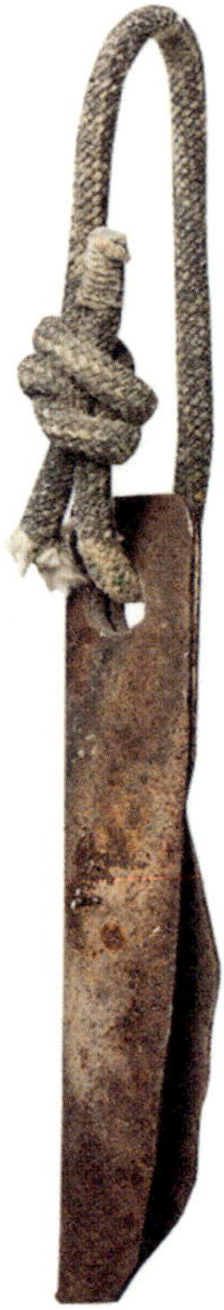

Ein rostiger Zeitzeuge: Vierzig Jahre nach der Erstbegehung schenkte mir der Bergführer Ivo Rabanser den U-Haken von der Schlüsselstelle am Heiligkreuzkofel. Heute ist er im MMM Corones zu sehen.

DER FELSHAKEN VOM DORFSCHMIED

Über die schwierigste Kletterstelle meines Lebens: Wie ich am 6. und 7. Juli 1968 mit meinem Bruder den Mittelpfeiler am Heiligkreuzkofel in den Dolomiten eröffnete

Immer wenn mein Bruder Günther und ich eine Erstbegehung planten, waren wir zuerst beim Dorfschmied Franz Steiner in St. Peter im Villnösstal. Ein kräftiger Mann mit großen Händen, der ein Faible für uns Kletterer hatte. Deshalb blieb er immer hilfsbereit, bis wir wieder abzogen aus seiner rußigen Werkstatt.

»Wo geht es dieses Mal hin?«, fragte er. »Und was brauchts?«

»Am Heiligkreuzkofel im Gadertal haben wir letztes Jahr den Livanos-Pfeiler geklettert. Gleich rechts daneben steht noch ein Pfeiler – 600 Meter hoch, im oberen Teil senkrechte Wand, wenig Ritzen.«

»Wenn's keine Risse im Fels hat, brauchts doch keine Haken.«

»Richtig, aber da und dort wird schon ein Felsloch, ein Riss zu finden sein. Sonst können wir uns nicht sichern.«

»Also, wie viele und welche Art Mauerhaken brauchts?«

»Zwanzig: ein paar kleine und zehn normale. Auch ein paar U-Haken, wie sie die Amerikaner jetzt haben.«

»Ja«, sagte Günther, »aus gebogenem Blech. Im Yosemite sind sie der letzte Schrei.«

»Und wie sehen die aus?«

»So fünfzehn Zentimeter lang, leicht konisch und vielleicht fünf breit.«

Steiner schnitt ein Blechstück zurecht, bog es über die Spitze am Amboss und bohrte oben ein Loch ins doppelte Eisen.

»Der U-Haken ist etwas für einen breiten Riss, stelle ich mir vor«, sagte der Schmied. »Bis zum nächsten Mal, Buben«, verabschiedete sich Franz Steiner. »Und aufpassen«, rief er uns nach.

»Ich versuchte es wieder und wieder. Dreißig Minuten lang. Ich bin keinen Zentimeter höher gekommen.«

Am gleichen Nachmittag stiegen wir in den Mittelpfeiler am Heiligkreuzkofel ein. In Wandmitte wurde biwakiert. Am Tag darauf, es war ein Sonntag, kletterten wir hoch oben in der Gipfelwand. Hundert Meter unter dem Ausstieg, glatte, senkrechte Platten, die Schlüsselseillänge.

Günther, an zwei Haken gebunden, sicherte mich, während ich mich an kleinen Leisten und Löchern höher und höher schob. Fast war ich mit meiner Kletterkunst am Ende. Ein winziges Loch fand ich, zwei Zentimeter tief oder drei, schlug einen kurzen Messerhaken als

Zwischensicherung ein. Er hielt. Weiter, noch ein Sicherungsstift. Fünf Meter weiter ein dritter, ein vierter. Dann endlich wieder ein paar gute Griffe. Ich steckte den Hammer in den Gürtel. An einer feinen Ritze im Grund einer seichten Verschneidung konnte ich mich höher schwindeln, erreichte ein schmales Bändchen – gerade noch rechtzeitig. Beinahe wäre mir die Kraft ausgegangen. Ich stand 35 Meter senkrecht über meinem Bruder.

Nun war endgültig Schluss. Eine glatte Platte, in der keine Ritzen und kaum Griffe waren, versperrte mir den Weg. Vier Meter weiter oben sah ich einen Riss. Bis dorthin musste ich kommen!

Ich versuchte es wieder und wieder. Dreißig Minuten lang. Ich bin keinen Zentimeter höher gekommen. Wieder trocknete ich die Fingerspitzen. Es musste gehen! Nur diese vier Meter! Hoch oben war ein kleiner Griff. Als ich ihn hatte, konnte ich nicht mehr zurück. Ich setzte den rechten Fuß hoch, aufstehen – ein Balanceakt –, mit der linken Hand die abschüssige Leiste erreichen und durchziehen. Es folgten ein paar hektische Bewegungen, und ich stand hechelnd auf einem Standplatz unter einem handbreiten Riss.

Ein Eindruck, der ein Leben lang bleibt. Nachdem ich durchgeatmet hatte, hämmerte ich unseren U-Haken in den Spalt, fand eine Ritze für eine zweite Verankerung und ließ Günther nachkommen. Wir hatten das Schwierigste unter uns und turnten senkrecht in den Nachmittagshimmel hinein.

Ich weiß heute nicht mehr, wie ich über die Schlüsselstelle hinaufkam. Ich weiß nur, wie ich oben stand, gelöst, voller Freude, und wie einfach alles schien.

Vierzig Jahre nach der Erstbegehung schenkte mir der Bergführer Ivo Rabanser aus dem Grödental den U-Haken vom Standplatz oberhalb der Schlüsselstelle.

Dieser Haken, ein großer rostiger Profilhaken mit Schlinge, ist für mich weit mehr als ein Stück Metall, erinnert er mich doch an einen Augenblick der Erleichterung nach der Überwindung der schwierigsten Kletterstelle meines Lebens.

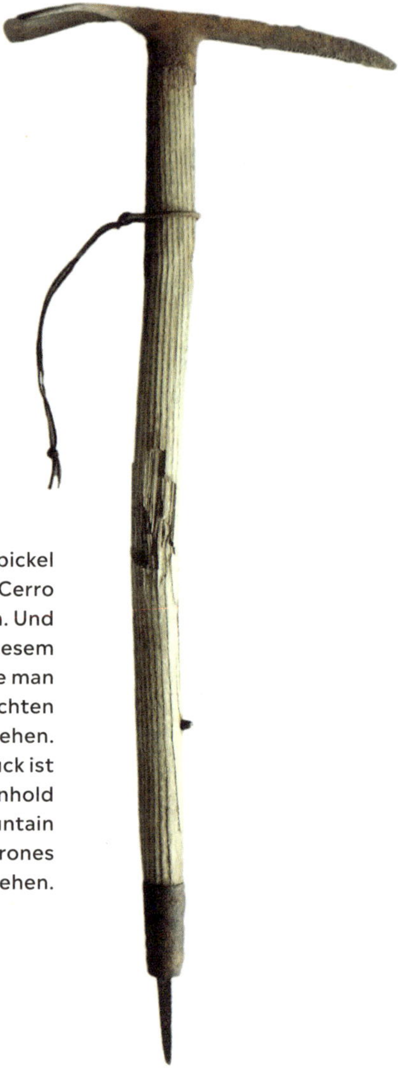

Toni Eggers Eispickel wurde 1974 am Cerro Torre gefunden. Und nein, mit diesem Werkzeug konnte man keine senkrechten Eiswände hochgehen. Das Beweisstück ist heute in Reinhold Messners Mountain Museum Corones zu sehen.

DER EISPICKEL VOM CERRO TORRE

Der wohl schwierigste Berg der Welt war 1959 ein unmöglicher Berg. Auch für den besten Bergsteiger der Welt

Der Cerro Torre in Patagonien gilt als einer der schwierigsten Berge der Welt. Der Italiener Cesare Maestri, geboren 1929 und einer der besten Dolomiten-Kletterer seiner Zeit, will ihn sogar zweimal bestiegen haben. 1959 gemeinsam mit dem Österreicher Toni Egger, der damals ums Leben kam. Und im Jahr 1970, um seinen Kritikern die umstrittene Besteigung von 1959 zu beweisen.

Mit der zweiten Besteigung konnte Maestri die erste allerdings nicht beweisen. Er ging eine andere Route, und er wählte – mit Kompressor und Hunderten Bohrhaken – auch eine andere Methode.

Im Gegenteil, die Besteigung von 1970 deutet an, dass bei der Expedition von 1959 – mit im Vergleich zu heute primitiver Ausrüstung – irgendetwas schiefgelaufen ist.

Cesare Maestri erzählt, dass der 1926 geborene Osttiroler Spitzenbergsteiger Toni Egger 1959 beim Abstieg vom Gipfel des Cerro Torre den Tod fand. Er selbst soll von seinem italienischen Kameraden Cesarino Fava halbtot am Einstieg gefunden worden sein.

Cesarino Fava war das dritte Mitglied der Expedition. Aufgrund von Teilamputationen an seinen Füßen kletterte er nicht mit zum Gipfel, sondern wartete an der Wand auf seine beiden Gefährten.

Seit Maestris zweiter Besteigung im Jahr 1970 wurde immer wieder die Frage gestellt, warum er beim zweiten Mal nicht die Route von 1959 wiederholt hat, um seine Erstbesteigung zu beweisen. Wäre denn die Route von 1959 nicht schneller und offenbar mit geringerem Materialaufwand möglich gewesen?

»Warum ich den Cerro Torre 1970 ein zweites Mal bestiegen habe? Aus Hass gegen diejenigen, die meine erste Besteigung in Zweifel gezogen haben.«
Cesare Maestri

Ich frage mich auch, warum sich bis heute all die jungen Spitzenkletterer regelmäßig versteigen, die sich mit modernster Ausrüstung seit Jahrzehnten vergeblich am Weg von 1959 versuchen.

Eigentlich müsste allein der Eispickel von Toni Egger, gefunden 1974 am Gletscherrand unter dem Cerro Torre, Beweis genug sein, dass Maestri 1959 nicht am Gipfel gewesen sein kann.

Cesare Maestri habe ich vor wenigen Monaten, im Mai 2015, getroffen: ein alter, kranker Mann. Nein, kein Wort wolle er zum Cerro Torre sagen, ein Stein so groß wie der Torre selbst liege über der »Sache« – für immer. Maestri hat diese »Sache« in der Vergangenheit immer wieder und wieder erzählt. Dadurch war sie ihm offenbar zur widersprüchlichen, subjektiven Wahrheit geworden.

Wie soll einer aus seinen Traumata in sein Leben zurückfinden, wenn ihm die Träume, die alles getragen haben, abhandengekommen sind?

MAESTRI AUF GROSSER BÜHNE

Cesarino Fava kann sich dazu nicht mehr äußern, er starb 2008. Toni Egger, der geniale Fels- und Eiskletterer, hat in dieser Sache nie eine Stimme gehabt. Seine Schwester Stefanie aber hat ein Recht zu erfahren, wo genau und wie ihr Bruder gestorben ist. Auch wir, die sein Andenken hochhalten und wissen, dass es zu seiner Zeit keinen besseren Bergsteiger gab.

Die Anziehungskraft des Torre hatte auch für Egger anfänglich mit Begeisterung und Lebenslust zu tun. Für mich gibt keinen schöneren Berg auf der Welt als den Cerro Torre!

Nur: Der wohl schwierigste Berg der Welt war im Jahr 1959 ein unmöglicher Berg – auch für den damals besten Bergsteiger der Welt.

1999, vierzig Jahre nach Eggers Tod, erzählten Cesare Maestri und Cesarino Fava auf großer Bühne vom Cerro Torre. Maestri schwärmte über seinen Gefährten Toni Egger und seinen Berg, über den er inzwischen nicht mehr reden möchte: »Auch zwei Maestris hätten es 1959 nicht geschafft«, rief er in den Dorfsaal von Malè im Trentino, wohin viele Cerro-Torre-Veteranen eingeladen worden waren. Alle hörten ihm aufmerksam zu. »Nur Toni Egger plus Cesare Maestri hatten eine Chance!«, sagte er.

SEINER ZEIT UM JAHRE VORAUS

Wenigstens die Hoffnung, den Gipfel zu erreichen, muss die beiden getragen haben, dachte ich im Publikum sitzend. Wäre Egger sonst geblieben? Bis zuletzt?

»Egger war seiner Zeit um Jahre voraus«, sagte Maestri. Alle im Saal schienen ihm beizupflichten. Denn Toni Egger war im Gegensatz zum Dolomiten-Kletterer Maestri ein Allround-Bergsteiger, im Eis- und Granitgelände ebenso erfahren wie beim Klettern im Kalkstein.

»Und Egger hatte Spezialgeräte«, sprang Fava jetzt seinem Kompagnon Maestri bei, »einen Pickel, wie sie erst in den Achtzigerjahren benutzt wurden.« Einige Zuschauer klatschten – aber ich schüttelte nur den Kopf.

Nein, der Pickel von Toni Egger war damals nichts Besonderes. Er hängt in meinem Museum. Es ist ein Stubai-Pickel aus Tirol, wie ihn damals viele Kletterer benutzten. Auch ich.

Niemand konnte mit einem solchen Gerät senkrechte Eiswände wie am Cerro Torre hochgehen. Warum behauptet Fava diesen Nonsens, fragte ich mich. Damit kann er Maestri nur kompromittieren.

»Der Anmarsch war damals viel schwieriger als der Berg selbst«, richtete Cesarino Fava, der jetzt die Aufmerksamkeit auf sich gezogen hatte, den Fokus auf das Patagonien von 1959. »Nach den Schwierigkeiten im Vorfeld schien uns der Berg einfach zu sein, das Leichteste von allem.«

Der Cerro Torre plötzlich ein leichter Berg? Selbst Maestri schien verwirrt. »Ich will nicht das Opfer spielen«, sagte er mit einem Trotz im Ton, der klarzumachen schien, dass andere seine Geschichte manipulierten.

DIE LEGENDE VOM SIEG AM TORRE

Aber wen meinte er damit? Cesarino Fava? War er womöglich der ursprüngliche Märchenerzähler? Hatte er Maestri instrumentalisiert? Cesare Maestri stand nach dem Absturz von Toni Egger wohl unter Schock.

Es war Fava, der ihn am Fuße des Berges fand, halb tot, halluzinierend, der Kamerad verschollen. Fava will den verstörten Maestri ins Leben zurückgeholt haben. Hat er ihn nicht nur mit kleinen Leckerbissen, sondern auch mit Geschichten gefüttert?

Maestri überlebte und bestätigte später jedenfalls, dass »der Torre 1959 eine leichte, aber gefährliche Sache war«.

Der Berg selbst aber beweist das Gegenteil, und der Eispickel Eggers reicht, um zu wissen, dass es Fava war, der die Legende vom »Sieg am Torre« gestrickt hat.

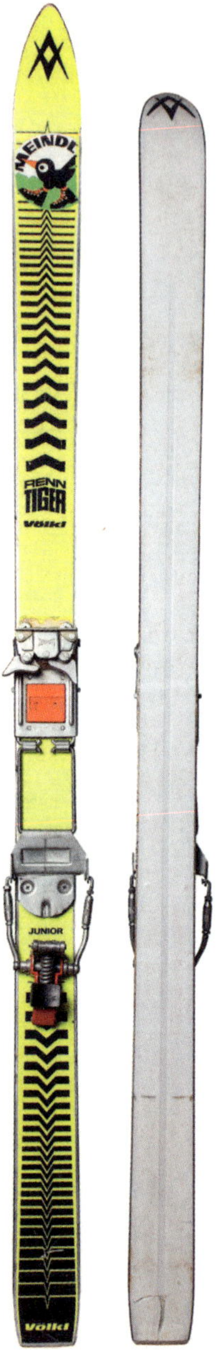

Mit diesen Skiern meisterte der Südtiroler Heini Holzer zahlreiche Abfahrten über steile Wände. Die Unterseite ist von den Felsen zerkratzt.

DER STEILWANDFAHRER

Einer, der in Erinnerung bleibt:
Heini Holzer (1945 – 1977) – Alpinist und Abenteurer, Mundharmonikaspieler und Kaminfeger

Würde Heini Holzer heute beobachten, was Freerider inzwischen wagen – Sprünge über fünfzig Meter tiefe Abgründe, Wettfahrten mit Lawinen, Abfahrt vom K2 –, er würde nur lächeln, verschmitzt lächeln.

Wir beide waren zwanzig, als wir uns kennenlernten. Ich kannte ihn nur von Erzählungen, ging ihm doch der Ruf voraus, viele Abenteuer bestanden zu haben. Wie er seinen frei hängenden Seilpartner vor dem Stranguliertwerden befreit, seine Begleiter am Fuße des Ortlers aus einer Lawine gräbt, waren legendäre Geschichten. Immer war er es, der die Situation rettete. Der Kaminfeger Heini Holzer – sein Spitzname lautete »Feger« – war kleiner, als ich ihn mir vorgestellt hatte. Mit seinem Strahlen aber konnte er mich sofort für sich einnehmen.

Heini war weder als Fußgänger noch als Kletterer besonders schnell, aber er kam überall durch. Seine Ziele wuchsen mit der Erfahrung, sein jugendlicher Übermut hatte mehr mit dem Gefühl von Unsterblichkeit zu tun als mit Frohsinn. Am Berg schien für uns alles möglich, nur das Umkommen kam in unseren Tagträumen nicht vor – als seien wir unsterblich. Heini war Romantiker wie Generationen von Bergsteigern vor ihm und die meisten seiner Zeitgenossen auch. Dass er das Bergsteigen in seinen Erzählungen romantisierte und seine »Helden« – es waren immer wieder andere – heroisierte, ließ ihn schnell neue Freunde finden.

Dabei blieb Heini im Grunde seines Herzens ein trauriger Mann. In den Melodien, die er mir in so mancher Biwaknacht auf seiner Mundharmonika vorspielte, in den bruchstückhaft erzählten Erinnerungen aus seiner Kindheit klang viel Melancholie. Nein, er war nicht unglücklich über sein Schicksal, stand zu seinem Beruf als Kaminfeger, aber er brauchte sein wöchentliches Hinaufsteigen über den Alltag. Fünfzig Arbeitswochen hatte ein Jahr, dazu kamen drei Wochen Urlaub. Das Ergebnis: siebzig Bergtouren pro Jahr, im Winter auf Ski, im Sommer in Fels und Eis.

»Dabei blieb Heini im Grunde seines Herzens ein trauriger Mann.«

Heini heiratete früh, und als ich ihn zu einer gemeinsamen HimalayaExpedition einlud, waren es nicht nur die beiden kleinen Kinder, die ihn davon abhielten. Er hatte seine eigene Form gefunden, sich am Berg auszudrücken, neue Freunde und endlich die Anerkennung, die er mehr brauchte als andere. Heini war immer noch Kaminfeger, aber am Wochenende nur noch Steilwandfahrer und damit plötzlich ein bekannter Mann.

Mit den ersten Sponsorenverträgen ergaben sich mehr Möglichkeiten, die er mit größer und größer werdender Ambition zu nutzen wusste. Nicht nur Bergsteiger-Magazine berichteten über ihn, das Fernsehen begleitete ihn. War es doch zum Staunen, was der kleine Kerl, er war gerade einmal 1,53 Meter groß, vollbrachte – ohne ein glänzender Skifahrer zu sein. Er sprang mit seinen kurzen Ski über steilste Hänge hinunter, nachdem er sie im Aufstieg mit Steigeisen und Pickel erklettert hatte.

Im Gegensatz zu mir blieb Heini bei seinem Beruf, in seinen Alpen, in seinem Umfeld. Die Zahl seiner Bewunderer nahm mit jeder Abfahrt zu.

Wir trafen uns seltener, obwohl wir von derselben Bühne erzählten: Heini von den Steilwandfahrten zwischen Monte Cristallo, Königsspitze und Montblanc – ich vom Nanga Parbat, Aconcagua und Manaslu.

Als ich 1977 von einem gescheiterten Versuch an der Südwand des Dhaulagiri im Himalaya heimkam, war Heini tot. Abgestürzt mit Ski beim Versuch der Erstbefahrung an der Nordostwand des Piz Roseg. Zur öffentlichen Trauerfeier kam ich zu spät – die Erinnerung an seine Lieder aber, sein Lachen, sein Leben ist nach bald fünfzig Jahren Unterwegssein lebendig geblieben. Mit 32 Jahren, wie Hermann Buhl, ist Heini Holzer vom Berg gefallen, wo er so viele schwierige Touren gemeistert hat – zu jung, um zu wissen, wie verführerisch die Faszination der unbegrenzten Möglichkeiten ist. Seine Ski stehen im Museum Ortles in Sulden, wo sich viele an den großen kleinen Alpinisten erinnern sollen.

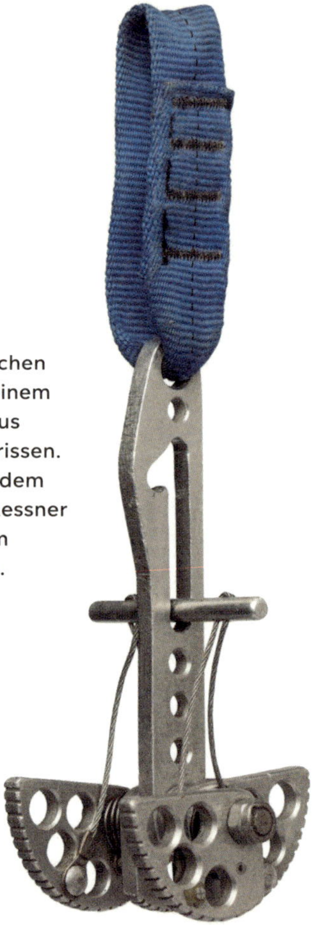

Der »Friend« von Ray Jardine sitzt dank vier beweglichen Segmenten und einem Federmechanismus verlässlich in Felsrissen. Der Prototyp aus dem Jahr 1974 ist im Messner Mountain Museum Corones zu sehen.

DER FREUND DER FREIKLETTERER

In den 1970ern erfand der Amerikaner Ray Jardine mit dem »Friend« ein geniales Sicherungsmittel

In meiner Zeit als Freikletterer sicherten wir uns an Felshaken, eröffneten Neurouten ausschließlich von unten und seilten uns wieder ab, wenn es in freier Kletterei nicht weiterging. Schon ein paar Meter, die nur mithilfe von Haken zur Fortbewegung möglich gemacht wurden, galten als Kompromiss.

Daneben gab es das Hakenklettern, das in den Dolomiten an den Direttissimas zur Mode geworden war. Man stieg dabei an kurzen Strickleitern bis in die letzte Sprosse, setzte einen Felshaken, wenn Ritzen im Fels es erlaubten, oder einen Bohrhaken, nachdem mit einem Handmeißel ein Loch – zwei, drei, vier Zentimeter tief – in die Wand geschlagen worden war.

Beiden Strömungen ging es um das Mögliche im Unmöglichen, das die Generationen zuvor zum Tabu erklärt hatten: einmal die Gangbarkeit einer Linie zu erproben, die der Natur des Berges angepasst war; einmal möglichst alle Hindernisse in der Falllinie einer Wand zu zähmen, um an einer Infrastruktur zum Ziel zu kommen.

Uns Freikletterern ging es ums Abenteuer, den Naglern um Eroberung.

Anfangs verstohlen, später ganz selbstverständlich wurden Klemmkeile eingesetzt. Die Idee stammte aus England, wo Freikletterer Schraubenmuttern in Reepschnüre einbanden und sie als Zwischensicherungen in schmale Felsspalten legten. Bald gab es verschiedene Formen und Sets aus eigens produzierten keilförmigen Metallteilen, die vielfältig anwendbar waren. Hatte ich selbst dem Bohrhaken abgeschworen, so versuchte ich mich doch in meiner sporadischen Felskrettertätigkeit der 1970er-Jahre als Klemmkeilleger. Ohne großen Erfolg. So fein mein Gehör für die Festigkeit eines Hakens war, Klemmkeile konnten mich nie ganz überzeugen. Dabei ist der Klemmkeil eine ideale Hilfe, um in modernen Freikletterrouten Standplätze oder an neuralgischen Punkten Zwischensicherungen zu schaffen. Ohne diese Hilfsmittel wären Pionierleistungen wie Adam Ondras freie Down-Wall-Begehung undenkbar.

»Uns Freikletterern ging es ums Abenteuer, den Naglern um Eroberung.«

Im kalifornischen Yosemite predigte der amerikanische Kletterpionier Royal Robbins schon in den 1960er-Jahren das »Clean Climbing«, das den Schutz der Natur und das Abenteuer im Blick hatte. Er wurde so zum Wegbereiter einer Philosophie, die in den Grundsätzen von Paul Preuss und im Potenzial der Menschennatur steckt. Damals schon experimentierte man am El Capitan und den umliegenden Felsen mit Klemmgeräten als Absicherungshilfen einer neuen Generation. Der Haken, der bei wiederholtem Entfernen und Wiedereinsatz Löcher und Risse ruinierte, sollte ersetzt werden. Schon im Jahr 1967 soll der Kletterer Greg Lowe erste Klemmgeräte getestet haben. Sein Bruder Mike vertrieb sie. Zwei in Bogenform einander entgegengesetzte Scheiben – die Form war der logarithmischen Spirale entnommen – verkeilten sich dabei in verschieden breiten Rissen.

Anfang der 1970er-Jahre gelang dem Raumfahrtingenieur Ray Jardine der Durchbruch: Seinem Kletterfreund Mike Lowe und dessen Bruder verdankt er die Grundform eines flexiblen Klemmgeräts. Jardine baute einige Prototypen und verbesserte so das System mit Federmechanismus und vier Segmenten, die viel stabiler in den Rissen saßen und immer seltener herausfielen. Zuerst für die eigene Verwendung, dann für den Handel. Heute ist der »Friend« von Ray Jardine weltweit eine Marke, ein geniales Sicherungsmittel, unverzichtbar beim Felsklettern.

Mit diesen Klemmgeräten ist die saubere Begehung von »unmöglichen« Routen möglich – vor allem im Yosemite mit seinen Wänden voller paralleler Risskanten. Der Tüftler Jardine – in seiner Kletterzeit groß gewachsen, bärtig und muskelbepackt – ist mit seiner Erfindung bekannt geworden, wohlhabend dazu, wozu ich ihm gratuliere.

Als ich mein letztes Museum eröffnete – das MMM Corones am Gipfelplateau am Kronplatz über Bruneck im Südtiroler Pustertal –, bat ich Ray Jardine um einen der Prototypen aus seiner Versuchsreihe. Er schenkte mir einen der ersten. Er hängt jetzt in einer eigenen kleinen Vitrine unter den Mauerhaken von Zsigmondy, Rizzi und Preuss, neben einem Original-Fiechtl-Haken mit Otto-Herzog-Karabiner und dem Meißel von Emilio Comici nebst Bohrhaken. Letztere aus der Nordwand der Grossen Zinne geborgen. Jardines »Friend« gehört so wie die Bohrausrüstung von Emilio Comici zu den Reliquien unseres Denkens und Tuns. Es sind – bald – 150 Jahre Alpinkultur, der umstrittenste Teil der Alpingeschichte.

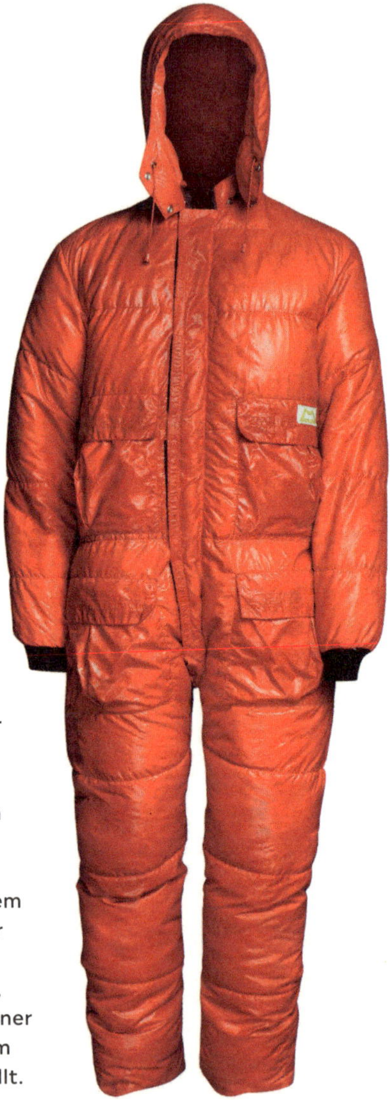

Ohne Maske, aber mit dicker Daune: Knapp unterhalb von 9000 Metern sollte man richtig angezogen sein. Der Anzug, mit dem Reinhold Messner 1978 den Mount Everest bezwang, ist heute im Messner Mountain Museum Firmian ausgestellt.

DER LETZTE SCHRITT

Die Überwindung eines Tabus vor vierzig Jahren: die Besteigung des Mount Everest ohne zusätzlichen Sauerstoff

Beim Bergsteigen gilt es seit jeher, einen Schritt weiter zu gehen als seine Vorgänger. Die Besteigung des höchsten Bergs der Welt ohne Flaschensauerstoff lässt sich so mit einem Meilenstein vergleichen. Das damals Unmögliche – ein Tabu, das es zu verschieben galt – wurde zum Wendepunkt im Höhenbergsteigen, zuvor aber zur Ungewissheit für uns Akteure.

Schritt für Schritt hatte ich gelernt, was man in großer Höhe besser machen kann, vor allem, was man weglassen kann. Dass der letzte Schritt von dem ersten abhängt, hatte ich bei früheren Expeditionen verinnerlicht. Als aber die Idee Gestalt anzunehmen begann, den Mount Everest ohne Maske zu besteigen – erstmals ohne künstlichen Sauerstoff –, vom Bergfuß bis zum höchsten Punkt der Erde zu klettern, kreisten meine Gedanken vor allem um die Frage, wie wir die letzten 850 Meter schaffen könnten.

Wie würde ich auf 8850 Metern sein: mein Wille, meine Angst, Mut. Hoffnungslosigkeit? Hatte ich vorher doch schon drei Gipfel über 8000 Meter Meereshöhe ohne Maske bestiegen! Es ging also um den letzten Schritt. Mit dem Ziel, den höchsten Berg der Welt mit Peter Habeler »by fair means« zu ersteigen, schlossen wir uns einer österreichischen Expedition unter dem Leiter Wolfgang Nairz an. Peter und ich operierten eigenständig, als selbstbestimmtes Team. Wir beide nutzten Basislager und Route der österreichischen Kameraden, halfen zuerst beim Aufbau der Lagerkette, legten, wo es notwendig war, Fixseile.

»Das damals Unmögliche – ein Tabu, das es zu verschieben galt – wurde zum Wendepunkt im Höhenbergsteigen, zuvor aber zur Ungewissheit für uns Akteure.«

Das Verhältnis zu den Sherpas und den anderen Expeditionskameraden war gut. Ein englisches Team unter Leo Dickinson drehte einen Film, der unseren Aufstieg dokumentieren sollte. In diesem Frühling 1978 war es im Basislager eisig kalt, und es lag viel Schnee auf 5400 Meter Höhe. Die Kälte kroch morgens in die Schlafsäcke, sodass man sich nicht mehr erwärmen konnte. Trotzdem hatte ich mich dazu verpflichtet, die Kamera – wenn irgend möglich – bis zum Gipfel mitzunehmen, um uns im allerletzten Stück des Aufstiegs zu filmen.

Trotz der Unkenrufe – es wurden Zweifel geschürt – hielt ich meine Hoffnung auf Erfolg aufrecht. Mit jeder Woche am Berg wuchs die Überzeugung, es müsse möglich sein, den Everest ohne Maske zu besteigen.

Ende April bin ich erstmals auf dem Südsattel, 8000 Meter hoch. Peter ist krank und abgestiegen. Zwei Sherpas – Ang Dorje und Mingma – sind bei mir. Ein Schneesturm hält uns zwei Tage und zwei Nächte oben fest. Es ist die Hölle! Minus vierzig Grad – Orkanböen. Es gilt nur noch, lebend hinunterzukommen. Bei gutem Wetter aber würde es möglich sein, höher zu steigen.

Am 7. Mai haben Peter und ich unsere letzte Chance: Mit dem englischen Kameramann Eric Jones steigen wir zum Südsattel auf, nisten uns im Zelt dort ein und brechen anderntags trotz des stürmischen Wetters – Kälte, Wind, tiefer Schnee – mit dem frühen Morgenlicht auf. Nur in unseren Daunenanzügen – Peter blau, ich rot – sind Sturm und Frost zu ertragen.

Wir haben den Südsattel absichtlich als Ausgangspunkt für den Gipfelgang gewählt, um so kurz wie möglich der Todeszone ausgesetzt zu sein, das Sauerstoffdefizit so gering wie möglich zu halten. Bei so viel Sturm wäre ein Biwak ohne Maske auf 8500 Metern tödlich. Diese Taktik war entscheidend für unseren Erfolg. Hätten wir, wie fast alle Expeditionen vor uns, den Aufstieg zum Gipfel in zwei Hälften geteilt – vom Südsattel bis auf 8500 Meter, Biwak und weiter bis zum Gipfel –, wir hätten es nicht geschafft.

Die kurze Zeit, die wir uns ganz oben aufhalten, minimiert die Gefahr, an der Höhenkrankheit zu sterben. Peter verlässt den Gipfel fluchtartig, rutscht teilweise auf dem Hosenboden hinunter zum Südsattel. Ich bleibe etwas länger, schaue ins Unendliche und hoffe, diese Empfindungen ins Basislager retten zu können, denn nichts ist trügerischer als unsere eigene Erinnerung.

Als ich den Südsattel erreiche, bin ich schneeblind, das Wetter ist stürmisch, der weitere Abstieg schwierig. Ich kann nur Umrisse erkennen! Peter voraus, taste ich mich kurz hinter ihm an Fixseilen abwärts. So kommen wir in unser Leben zurück: nicht als stolze Sieger, als Geschlagene mit einem heiteren Lächeln. Entgegen allen Warnungen und aller Besserwisserei haben wir den Mount Everest ohne künstlichen Sauerstoff bestiegen, ein letztes Tabu vom Dach der Welt geholt.

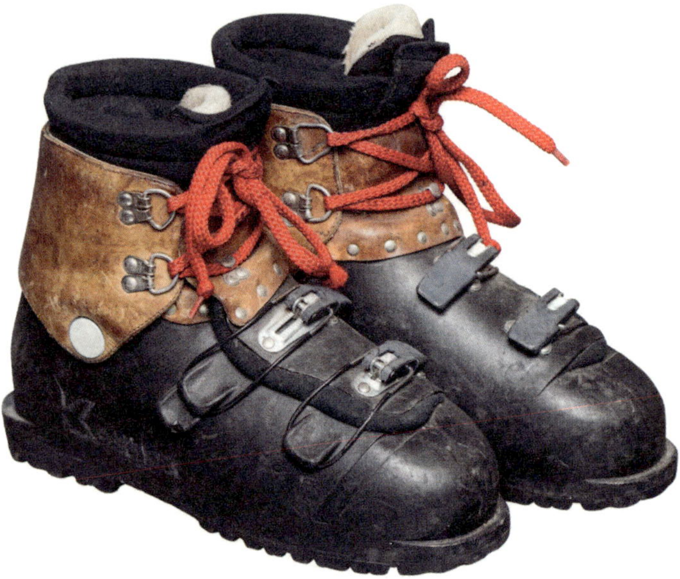

Der Everest-Schuh von Kastinger, 1978. Das Modell, das Reinhold Messner am Everest verwendete, hat als Außenmaterial Plastik und oben Leder sowie einen Innenschuh aus dem Schaumstoff Alveolit. Heute sind die Schuhe, die die Firma Kastinger hergestellt hat, im Messner Mountain Museum Firmian ausgestellt.

IN PLASTIKSCHUHEN AM EVEREST

Eine Innovation als Teil der Sensation: Bei der ersten Besteigung des höchsten Berges ohne künstlichen Sauerstoff entschieden wir uns gegen Stiefel aus Leder – den Zehen zuliebe

War es wirklich eine gute Idee? In Stiefeln aus Plastik auf den Mount Everest zu steigen? Wenn ich das moderne »8000er-Schuhwerk« betrachte, war es eine Schnapsidee. Heutige Modelle sind weich, aus Kevlar und leichtesten Materialien gefertigt, dazu bestens isoliert und als Ganzes – Gamasche und Schuh – rasch an- und ausziehbar.

Am Nanga Parbat 1970 hatte ich mir im ledernen Bergschuh die Zehen erfroren – dritten Grades. Sieben Zehen mussten ganz oder teilweise amputiert werden. 1972 am Manaslu hatten wir mit ähnlichem Schuhwerk – Leder außen, Filz innen – wieder Erfrierungen, wenn auch nicht so schlimme.

Je höher der Berg, umso problematischer die Durchblutung der Extremitäten. Daher die Idee zum Plastikschuh. Plastik außen, Alveolit innen. Die Manschette aus Leder wegen besserer Bewegungsfreiheit. Ich wusste, dass Plastik schlecht isoliert, aber es lässt sich im Zelt über der Flamme trocknen. Leder, einmal nass, wird in der Höhe zum Eispanzer.

»Alveolit als Innenschuh ist der Schlüssel«, wiederholten die Techniker bei Kastinger, der österreichischen Schuhfabrik am Mondsee, die bereit waren, uns zu helfen. Ganzfußgamaschen von Karrimor hatten wir schon.

Unsere Strategie sollte aufgehen. Natürlich hatten wir kalte Füße – vom Südsattel bis zum Gipfel und zurück.

Am 8. Mai 1978 zwischen ein und zwei Uhr nachmittags erreichten Peter Habeler und ich den Gipfel des Mount Everest. In Plastikstiefeln! Wir fotografierten uns gegenseitig am Tripol, dem Vermessungsstativ, das eine neunköpfige chinesische Expedition 1975 auf dem Gipfel hinterlassen hat. Die Spitze, an der ursprünglich eine Fahne hing, war inzwischen abgebrochen. Peter und ich waren damit die Ersten, die, ohne Sauerstoff aus Flaschen zu atmen, vom Basislager bis zum Gipfel gestiegen sind.

»Natürlich hatten wir kalte Füße – vom Südsattel bis zum Gipfel und zurück.«

DURCH DEN SCHNEESTURM

Und das auf allen vieren zum Teil durch den Schneesturm. Immer wieder mussten wir uns in den Schnee legen, um nach Luft zu schnappen. Nur so ließ sich das Sauerstoffdefizit ausgleichen. Meine Füße waren gefühllos.

Mehr als sechzig Bergsteiger hatten vor Peter Habeler und mir den Gipfel des Mount Everest erreicht. Alle mit

Sauerstoffgeräten. Trotzdem hatten sich einige von ihnen Erfrierungen geholt.

So romantisch wie solche Bergabenteuer oft klingen, war die Wirklichkeit nicht. Es war kalt, stürmisch und sehr, sehr anstrengend.

Als Peter und ich vom Gipfel abstiegen, war uns nicht bewusst, was uns gelungen war. In unserer Müdigkeit kam kaum Erfolgsstimmung auf. Wir hatten beide leichte Erfrierungen an den Fingerspitzen davongetragen, unsere Nasen schälten sich, die Füße aber waren heil – dank trockener Schuhe. Nachdem uns Bergsteiger und Ärzte ein Scheitern prophezeit hatten, war das Tabu, das wir ausgelöscht hatten, so sensationell, dass niemand auf die Idee kam, nach erfrorenen Zehen zu fragen. Mir fehlten ja schon die Hälfte.

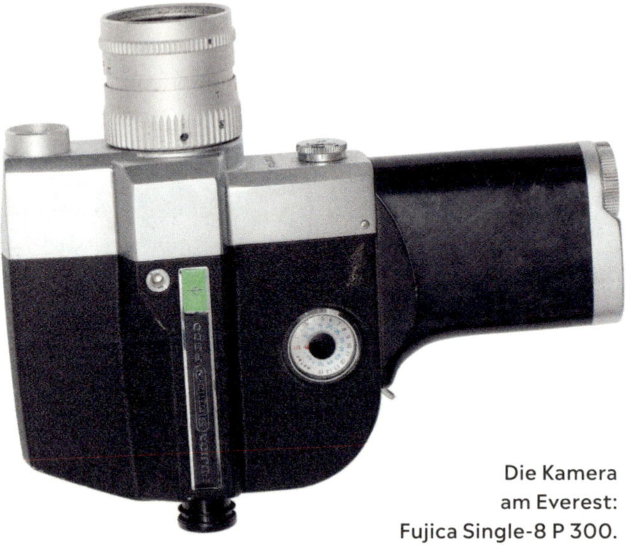

Die Kamera
am Everest:
Fujica Single-8 P 300.
Gebaut von 1967 bis 1976.
Fuji entwickelte in Konkurrenz
zu Kodaks Super-8-Format
das Single-8-Schmalfilm-
system, das sich allerdings
trotz technischer
Vorteile in Europa nie
durchsetzen konnte.

ATMEN & FILMEN

Auf Knien zum Gipfel, mit der Filmkamera in der Hand: von der ersten Besteigung des Mount Everest ohne Sauerstoff, vom Wert des Nutzlosen und von der wahren Natur des Menschen

Am 8. Mai 1978 krochen Peter Habeler und ich im Schneesturm und bei minus vierzig Grad über den Südgrat des Mount Everest. Auf Knien zum Gipfel! Zum einen, weil uns der heftige Nordwestwind vom Grat zu blasen drohte, zum anderen, weil wir uns nach wenigen Schritten so erschöpft fühlten, dass wir uns über den im Schnee eingerammten Pickel legten, um zu atmen, atmen, atmen. Wir waren trotz Kälte und Sturm am Südsattel aufgebrochen und anfangs noch recht zügig vorangekommen. Mit jeder Stunde und jedem Höhenmeter aber waren wir langsamer und noch langsamer geworden, bis uns nur noch dieses schneckengleiche Kriechen möglich war.

Ich habe die Eindrücke und Erinnerungen damals aufgeschrieben, unmittelbar nach dem Abstieg ins Basislager. Die Aufzeichnungen geben nicht nur Einblick in unser Vorankommen, vor allem erzählen sie vom Zustand unseres Daseins auf 8800 Meter Höhe: »Knapp unter dem Südgipfel fingere ich erstmals die Kamera aus dem Rucksack und filme Peter, wie er im jagenden Sturm vor mir aufwärts steigt. Erstmals an diesem Tag glaube ich an den Erfolg. Ich will ihn dokumentieren.«

Die kleine Super-8-Fujica hatte mir der Kameramann Leo Dickinson mitgegeben, der eine Dokumentation zu unserem Everest-Experiment ohne Maske produzieren sollte. Leo war bei 7000 Metern als Regisseur und Kameramann ausgefallen, Eric Jones, der uns zum Gipfel begleiten sollte, musste am Südsattel wegen Höhenproblemen zurückbleiben.

Also drehte ich selbst: wie Peter den Hillary-Step hochsteigt, wie der Sturm über den Grat jagt, wie die Schneewirbel alles wegwischen. Die Kamera war so präpariert, dass man nur auf den Auslöser drücken musste – nicht einfach mit den dicken Handschuh-Fingern. Leo hatte mir aufgetragen, das letzte Stück vor dem Gipfel zu filmen. Dieser Befehl steckte tief in meinem Bewusstsein. Wenn ich zwischendurch über die dunkle Kamera hinweg nach oben schielte, schien es mir, dass der Gipfel weiter wegrückte. Obwohl wir immer noch aufwärts stiegen. Alles nur, weil wir mit jedem Schritt langsamer wurden.

»Ich wollte einmal hoch hinaufsteigen, um tief in mich hinabzusehen.«

Peters Bewegungen wie in Zeitlupe: Stieg da nur noch ein Schatten? Wir waren jetzt auch ungeschickt, wie gelähmt, zerbrechlich: »Zuletzt von den wenigen Handgriffen des Filmens völlig erschöpft, packe ich die Kamera weg, vergesse dabei, die Sturmbrille wieder aufzusetzen.«

Wir stiegen in maximaler Exposition, ohne uns an einer Spur, an Strukturen orientieren zu können. Wir hatten nur uns, unser Vertrauen zueinander und die Ahnung, dass jeder Fehler tödlich sein könnte. Vorerst kein Gedanken an die Kamera, die Kraft reichte nur noch für den jeweils nächsten Schritt. »Es ist jetzt auch einerlei, dass wir ohne Sauerstoffgerät klettern. Am höchsten Berg der Welt! Jetzt ist es allein dieser Punkt, in dem alle Linien zusammenlaufen, der Endpunkt, den ich erreichen will.«

DAS RENNEN MEINES LEBENS

Wieder holte ich die Kamera aus dem Rucksack, fummelte an der Batterie herum, bis ich sie zum Laufen brachte: »Ich filme Peter, wie er vom Südgipfel kommt, später, wie er aus dem Abgrund am Hillary-Step auftaucht: Er steigt wie in Trance und doch sicher wie daheim, gleichzeitig wie ein Roboter, der fehlerfrei funktioniert, seine Bewegungen, Zuckungen. Als bestünde er nur noch aus Schnaufen.«

Ich atmete jetzt wie einer, der das Rennen seines Lebens gelaufen ist, und weiß, dass er sich bald ausruhen kann. Vielleicht für immer. »Ich bin nur noch eine einzige, eine berstende, keuchende Lunge. Der Mund weit aufgesperrt: atmen, atmen, atmen. Peter starrt mich an, als müsse er sich mein Gesicht einprägen. Mir ist, als ob er mich nicht kenne.« So starrte er auch in die Kamera. Ein großartiges Dokument entstand! Es ist später der Beweis, dass wir ohne Sauerstoffmaske zum Gipfel kamen. Wochen später erst war ich Leo dankbar, dass er mich zum Filmen gezwungen hatte, er hatte damit die Filmbilder, wir den Beweis!

EIN GESICHT ERZÄHLT

Wenig nach Mittag erreichten Peter und ich den Gipfel. Im Sucher der Kamera sah ich sein Gesicht: Alle Angst und Zweifel waren von ihm abgefallen, einen Moment lang war er nur noch Glück. Nach einer Umarmung und ein paar Fotos stieg er ab, ganz allein, ohne Seil:

»Nein, ich kann ihn nicht zurückhalten. Ich sehe noch, wie er am Südgipfel verschwindet. Ich packe eine Filmkassette aus, werfe aber statt der Verpackung den Film in den Abgrund. Erst als er verschwindet, wird mir klar, was ich getan habe. Nach so viel Konzentration überwältigt mich wieder Trägheit. Es ist genug, ich muss nicht mehr filmen, will sofort absteigen. Es ist wie ein Befehl. Ich lasse alles in den Rucksack fallen und mache mich an den Abstieg.« So rettete ich die Kamera zurück in die Zivilisation. Die Bilder sind später auf mehr als fünfzig TV-Kanälen gezeigt worden. Weltweit. Diese Kamera kann zwar nicht erzählen, was wir am Everest-Gipfel empfunden haben. Aber sie hat festgehalten, was mit uns passiert war. Heute noch spiegeln sich in Peters Gipfelgesicht Angst und Mut, Verzweiflung und Hoffnung, Leid und Glück – alles, was uns auf dem langen Weg von der Idee bis in 8850 Meter Meereshöhe getragen hat.

Den Gipfel haben wir erreicht, weil wir eins mit unserem Ziel geworden waren, wir genügend Motivation angestaut hatten, um auch in Momenten der Hoffnungslosigkeit nicht zu verzagen. Dieses Filmdokument ist entstanden, weil mich Leo oft motiviert hatte: die Kamera nicht vergessen! Damit ist es gelungen, ins Unbekannte vorzustoßen, nicht mehr in unerforschte geografische Regionen, vielmehr in jene Tiefen der Menschennatur, die sich in Wahrheit nur an der Schwelle zwischen Möglich und Unmöglich auftun.

EMOTIONAL STARK BIS HEUTE

Im Museum auf Schloss Sigmundskron bei Bozen steht der Satz, den ich damals an den Anfang meines Berichts über den Aufstieg ohne Maske gestellt habe: »Ich wollte einmal hoch hinaufsteigen, um tief in mich hinabzusehen.«

Daneben hängt ein Berg, Gipfel nach unten. Er soll symbolisieren, dass es mir weniger um die Natur der Berge als um die Natur des Menschen geht, wenn ich hinaufsteige. Vielleicht sind meine Gipfelbilder vom Mount Everest deshalb so stark, weil sie diese Emotionen spiegeln. Dort, wo nichts Nützliches zu holen ist, muss dem Nutzlosen sein Wert bleiben: als Erfahrungsraum für unser Selbst.

Heute erwarten Sponsoren und TV-Produzenten meist professionelle Bilder von Bergbesteigungen. Großartige Filme sind in den letzten Jahren dazu entstanden. Das Abenteuer aber musste damit schrumpfen, weil der

Grundsatz gilt: je perfekter die Dokumentation – begleitende Profikameraleute, Heli-Begleitung, Kamera von oben –, umso weniger ist die gefilmte Aktion authentisches Abenteuer. Sicher, unser Everest-Film ist dilettantisch gemacht, emotional jedoch bleibt er stark bis heute.

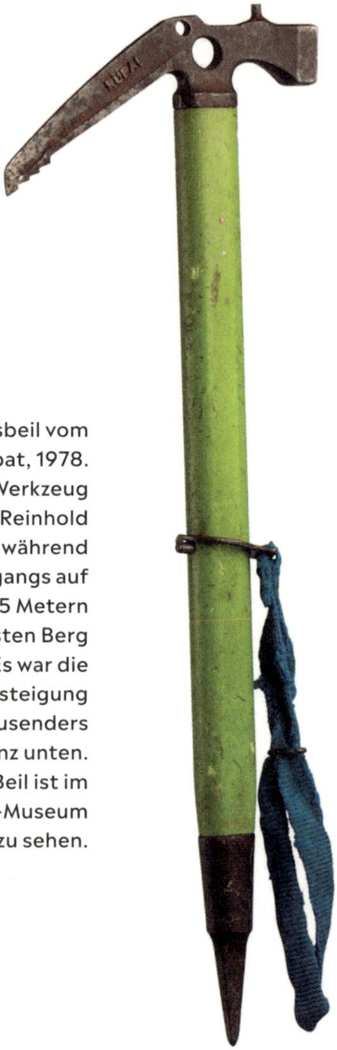

Das Eisbeil vom Nanga Parbat, 1978. Dieses Werkzeug begleitete Reinhold Messner während seines Alleingangs auf den mit 8125 Metern neunthöchsten Berg der Welt. Es war die erste Solo-Besteigung eines Achttausenders von ganz unten. Das Beil ist im Messner-Museum Corones zu sehen.

ALLEIN MIT DEM EISBEIL

Über das Solo auf den Nanga Parbat 1978 und den Moment, wenn sich alle Fragen auflösen

Mein Alleingang begann am 7. August 1978, um fünf Uhr früh, im hinteren Diamir-Tal. Ich stieg in eine Wand ein, die fast 4000 Meter über mir aufragte.

Nachdem ich gelernt hatte, das Leben auch allein zu ertragen, habe ich den größten Sprung meiner Bergsteigerkarriere gewagt. Ich hatte aufgehört, in Paaren zu denken. Allein und ohne jedes technische Hilfsmittel – ausgenommen Steigeisen, Zelt, Schlafsack, Eisgerät – stieg ich in die Diamir-Wand ein.

Mein Plan: eine neue Route auf den Nanga Parbat und eine zweite neue Route zurück ins Basislager. In wenigen Stunden durchkletterte ich die untere Wandhälfte, erreichte auf rund 6400 Metern eine kleine Plattform. Mit meinem Mini-Eisgerät, das auch zum Klettern diente.

Unter einem überhängenden Eiswulst errichtete ich mein winziges Biwakzelt. Ich hatte es eigens für diese Expedition bauen lassen. Ich kroch in den Schlafsack, schmolz Schnee, döste, rastete. Dieses Alleinsein fühlte sich gut an, wie Selbstmächtigkeit, Freiraum – weil ich für niemand anderen verantwortlich war.

Am anderen Morgen, um 5:02 Uhr – ich hatte mich gerade im Schlafsack aufgesetzt, um Tee zu kochen –, gab es plötzlich eine Erschütterung, als ob der Berg sich schütteln würde. Wenige Sekunden später ein Krachen und Tosen über mir. Ich riss den Zelteingang auf, schaute hinaus: Von allen Seiten, links und rechts, über und unter mir, stürzten gewaltige Lawinen zu Tal.

> *»Nachdem ich gelernt hatte, das Leben auch allein zu ertragen, habe ich den größten Sprung meiner Bergsteigerkarriere gewagt.«*

Zu diesem Zeitpunkt wusste ich nicht, dass ein Erdbeben Lawinen und Eisstürze ausgelöst hatte. Die schmale Eiszunge, die ich am Tag zuvor benützt hatte, um den mittleren Teil der Wand zu gewinnen, war als Ganzes abgestürzt. Also konnte ich nicht über den Weg zurück, den ich im Aufstieg genommen hatte. Nicht auszudenken, was passiert wäre, wenn ich einen Tag später losgegangen wäre.

»Glück gehabt«, sagte ich zu meinem Eisbeil, das am Zelteingang im Schnee steckte. Ausweglosigkeit? Nein, nur die Sorge, nicht mehr ins Tal zu finden.

Trotzdem kam so etwas wie Übermut auf. Ich ging weiter, als ob Glück sich potenzieren ließe. Der Rückweg war abgeschnitten, ich kletterte wie ein Schatten, der nicht verwundbar ist. Es gab kein Zurück, nur ein Hinauf. Der Himmel über mir schwarze Unendlichkeit. Unter mir tat sich mit jedem Schritt die Welt weiter auf.

Dieses Hinausgeworfensein in das Nichts – eine existenzielle Erfahrung – atmete ich ein und ein. Kein Warum, kein Woher und Wohin, nur noch Dasein. Hebt Aktivsein im Dasein alle Fragen auf? Das Steigen, die Konzentration auf das Ziel gerichtet, die Mühe des Vorankommens, mein Freund, der kleine Pickel, ich selbst waren die Antwort. Alle Fragen waren aufgehoben.

Am dritten Tag, dem 9. August, erreichte ich den Gipfel. Endlich! Ich hatte mich zuletzt durch tiefen Schnee gewühlt, streckenweise Felsen überklettert, mit dem Pickel geredet. Ich hinterließ nur ein Stück Papier mit Datum und Unterschrift in einer Hülse, die ich an einem Haken, den ich in die Gipfelfelsen schlug, befestigte. Dann schraubte ich die Kamera auf den Pickel, Selbstauslöser, klick. Dieser Moment auf dem Gipfel, eingefrorene Wirklichkeit, und der Pickel als einziger Ansprechpartner blieben in Erinnerung. Am gleichen Tag stieg ich zurück ins obere Biwak. Das winzige Zelt stand auf einer Höhe von 7400 Metern, in einer Mulde. Dann Schneetreiben, Nebel, Abstieg unmöglich.

Den einen Tag lang wartete ich ab, Essen und Gas hatte ich für eine Woche. Das untätige Warten aber wurde psychisch zum Problem, schwieriger zu ertragen als das Tun: Was nun? Dazu kam die Angst vor allen nur denkbaren Gefahren. Beim ständigen Nichtstun kamen mir erste Zweifel an meiner Überlebensfähigkeit. Was, wenn es mehr und mehr schneite, die Lawinengefahr wuchs, sogar unberechenbar wurde? Mein Freund, der Eispickel, wäre keine Hilfe mehr gewesen.

Am Morgen des zweiten Tages immer noch Schlechtwetter! Ein Blick aus dem Zelt, ich nutzte ein kurzes Aufreißen der Nebel unter mir, um mich zu orientieren und sofort aufzubrechen. Ich stieg in den Abgrund unter mir ein: Ohne genau zu wissen, wohin, kletterte ich geradewegs in die Tiefe: der flache Gletscherboden 3000 Meter tiefer!

In wenigen Stunden kletterte ich die gesamte Diamir-Wand ab. Am Mittag war ich außer Gefahr, in 4500 Meter Höhe, auf dem zerfurchten Gletscher. Kurz vorher noch hatte ich – 7400 Meter hoch – in einer lebensgefährlichen Falle gehockt. Nebel verhüllten jetzt den Berg, hoch oben schneite es immer noch.

Im Basislager angekommen, schenkte ich mein kleines Eisbeil – eine spontane Reaktion – meinem Begleitoffizier Mohamed Tahir. Als ein Zeichen des Dankes für sein Vertrauen in mein Tun. Dreißig Jahre später trafen wir uns wieder, in Rawalpindi, und er gab mir meinen Freund, das Eisbeil vom Nanga Parbat, zurück – unter Tränen und mit den Worten: »Weil du noch lebst.«

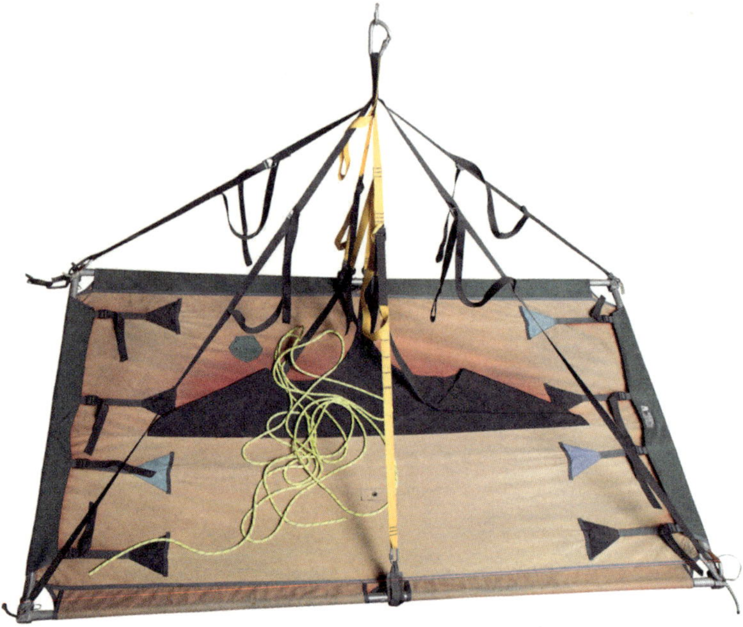

Portaledge von Alex Lowe: Der US-Alpinist eröffnete 1999 eine neue Route in der Nordwestwand des 6251 Meter hohen Trango Tower in Pakistan – auch dank dieser flexiblen Konstruktion, die heute im Messner Mountain Museum Firmian hängt.

DAS ZELT IN DER WAND

Ein Portaledge als Erinnerung an Alex Lowe, der eines der ersten gebaut und benutzt hat

Alex Lowe war einer der erfolgreichsten Bergsteiger Amerikas: ein Strahlemann, immer lebensfroh, gut drauf und mitreißend. Er hat in allen Disziplinen des Alpinismus mitgespielt: beim Felsklettern, an den Big Walls, in großer Höhe – bis er im Oktober 1999 am Fuße der Shisha-Pangma-Südwand unter eine Lawine geriet und starb.

Sein Tod hat viele Bergsteiger betroffen gemacht, traf es doch einen ihrer Besten. Conrad Anker, sein Begleiter am Berg und von der Lawine verschont, hat sich damals um Lowes Familie gekümmert und ist heute ein Teil von ihr.

Er war es, der mir das Portaledge von Alex vermittelte, nachdem wir auf einem Schiff in der Antarktis über diesen großartigen Alpinisten gesprochen hatten.

Ich war damals gerade dabei, Schloss Sigmundskron bei Bozen so umzugestalten, dass es mit dem Thema Berg bespielbar sein würde. Ein schwieriges Unterfangen, auch weil ich für größere Objekte den Platz erst schaffen musste.

Im Südrondell – einem vierstöckigen Turm – gibt es einen dreißig Meter hohen Abgrund, von oben gesehen, und dorthin wollte ich das Portaledge, das Geschenk der Familie Lowe, hängen. Genau so, wie es an den Granitwänden des El Cap oder des großen Trango Tower hängen könnte. Die Besucher können es von unten und von oben betrachten und sich vorstellen, wie sich wohl eine Nacht darauf anfühlt. »Kann man darauf schlafen?«, ist eine häufige Frage.

»All die Monate begleitete mich Alex, es war, als wäre er dabei … Ich verdanke seiner großen Lebensfreude, die über seinen Tod hinausstrahlt, Kraft und Ideen.«

Alex Lowe hat eines der ersten Portaledges gebaut und oftmals darauf geschlafen – in prekärsten Situationen, bei Schlechtwetter, Sturm und Kälte. Davon erzählt diese Devotionalie, und sie erinnert an Alex Lowe.

All die Monate – in Summe waren es Jahre, in denen ich das Museum Firmian gestalten durfte – begleitete mich Alex, es war, als wäre er dabei, als Souffleur, Aufmunterer, Erinnerungshilfe. Ich verdanke seiner großen Lebensfreude, die über seinen Tod hinausstrahlt, Kraft und Ideen.

Heute sind Portaledges nicht mehr wegzudenken. Nicht nur an den glattgeschliffenen Wänden im Yosemite, auch an steilen Himalaya-Wänden werden sie eingesetzt. Der Amerikaner Tommy Caldwell hätte ohne Portaledges in der Dawn Wall wohl keine Chance gehabt. Auch der Italiener Ermanno Salvaterra ist an der Westwand des

Torre Egger, dem weniger bekannten Nachbarn des Cerro Torre, auf Portaledges angewiesen: Diese Wand ist so glatt und steil, dass nirgendwo ein natürlicher Platz zum Rasten und Schlafen zu finden ist.

Das Portaledge erschließt den Besten unter den Besten Möglichkeiten, die vor Alex Lowe unmöglich waren.

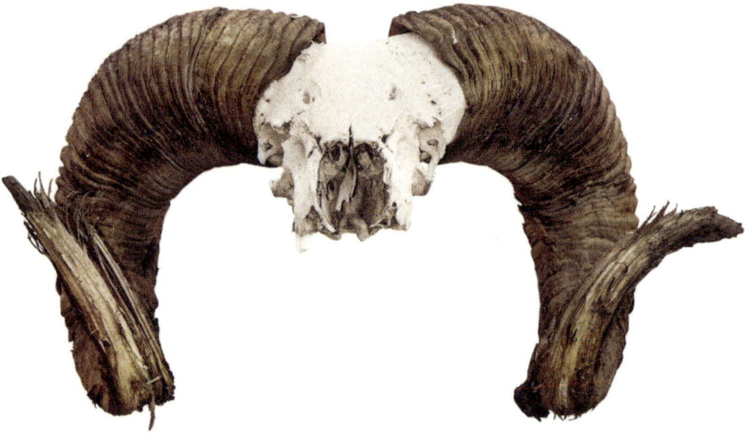

Diesen Schädel eines Argali-Schafs, der heute im Schloss Juval ausgestellt ist, fand Reinhold Messner im Altai-Gebirge.

HÖRNER DER DEMUT

Argali-Schafe repräsentieren den Stolz den Bergen gegenüber. Von ihnen können wir Bergsteiger Bescheidenheit lernen

Ob am Berg, in der Wüste, beim Gestalten von Museen, in der Politik oder beim Filmen – zuallererst geht es um Erfahrungen. Die besten Lehrmeister zu finden ist eines; sie zu respektieren ist die Voraussetzung für die Umsetzung eigener Ideen. Auch Tiere können dabei eine Rolle spielen. Wie zum Beispiel das Argali-Schaf. Wer von den Bergen berichtet, hat die Verpflichtung, jene Wahrheit herauszuschälen, die die Gebirge der Erde mit all ihren Pflanzen, Getier und Gesten erzählen. So habe ich mich von Anfang an auch für die Tierwelt im Gebirge interessiert. Nicht der Jagd, dem Beobachten galt meine Neugier.

Waren es anfangs die höchsten Berge und die schwierigsten Wände – in Südamerika, in Alaska, im Himalaya und Karakorum, in Neuguinea oder in der Antarktis –, so weckten später die »heiligen Berge« meine Neugierde. In nahezu allen Kulturen werden Gebirge mit Mythen von der Entstehung der Erde verknüpft: in den Anden, in Afrika, in Tibet und Japan. Oft spielen dabei Tiere eine wichtige Rolle.

Argali-Schafe repräsentieren den Stolz den Bergen gegenüber. In Gesprächen mit den Einheimischen vor Ort versuche ich seit Jahren der Wichtigkeit dieser einzelnen »heiligen Stätten« sowie ihren Legenden nachzuspüren.

Im Altai-Gebirge in der Mongolei sind dort, wo einst Schulen, Krankenhäuser, Elektrizitätswerke und Läden standen, Dorfruinen geblieben. Manche Mongolen aber gehen – soweit sie das Nomadendasein noch lernen können – wieder hinaus in die Steppe. Ihre Art Selbstversorgerdasein hat Bestand, solange die Flächen nicht überweidet und die Brunnen nicht leer gepumpt werden.

> *»Es ist an der Zeit, auf die ganz großen Abenteuer zu verzichten, sagte ich mir. Wollte ich doch nicht wegen Hochmuts sterben, also mich nicht vom Felsen stürzen wie ein alter Argali-Bock.«*

Hoch oben an den Berghängen im Altai-Gebirge sind Argali-Schafe zu beobachten. Die stärksten Böcke tragen ihr Haupt hocherhoben, bis sie alt sind und ihre Hörner so schwer, dass sie den Kopf nicht mehr zu den Gipfeln heben können. Zuletzt stürzen sie sich von den Felsen, erzählt man sich. Auch wir Bergsteiger können davon lernen: Wer den Bergen mit Überheblichkeit begegnet, lebt nicht lange.

Bei einer Reise ins Altai-Gebirge fand ich auf 5000 Meter Meereshöhe das Gehörn eines Argali-Schafs. Ich trug es ins Tal und brachte es nach Juval, ins Museum zur Ausstellung über die heiligen Berge. Es mahnt dort zur Bescheidenheit.

Die Wüste Gobi der Länge nach zu Fuß zu durchqueren war später mein Traum. 2004, nachdem ich mich entschieden hatte, kein zweites Mal für einen Sitz im Europäischen Parlament zu kandidieren, wagte ich den 2000 Kilometer langen Fußmarsch nach der Grenze zu China auf mongolischem Boden. Dieses Abenteuer verhält sich zum Alltag im Parlament wie das Heilige zum Profanen. Es führte mich ein letztes Mal an den Rand meiner Belastbarkeit.

Zuletzt, als ich über einen 4000 Meter hohen Pass im Altai-Gebirge zurück in die Zivilisation ging, war ich mehr gefordert, als mein sechzig Jahre alter Körper noch herzugeben bereit war. Meine Einsicht, dass es einmal genug sein muss, folgt der Erfahrung, dass auch ich mit dem Altern ungeschickter, schwächer, langsamer werde. Ich begegne den Bergen mit gesenktem Mut.

In unserer unübersichtlichen, globalisierten Welt geben ausschließlich Tatsachen Halt. Für Legenden ist da wenig Platz. Wie dankbar bin ich doch, dass ich in hundert und mehr Reisen an die Ränder unserer Erde viel von jener Dimension der Demut mitbekommen habe, die uns Tiergeschichten erzählen.

Ich zog meine Lehre, aus der Reise und aus den Legenden, von denen ich dort erfahren hatte. Es ist an der Zeit, auf die ganz großen Abenteuer zu verzichten, sagte ich mir. Wollte ich doch nicht wegen Hochmuts sterben, also mich nicht vom Felsen stürzen wie ein alter Argali-Bock.

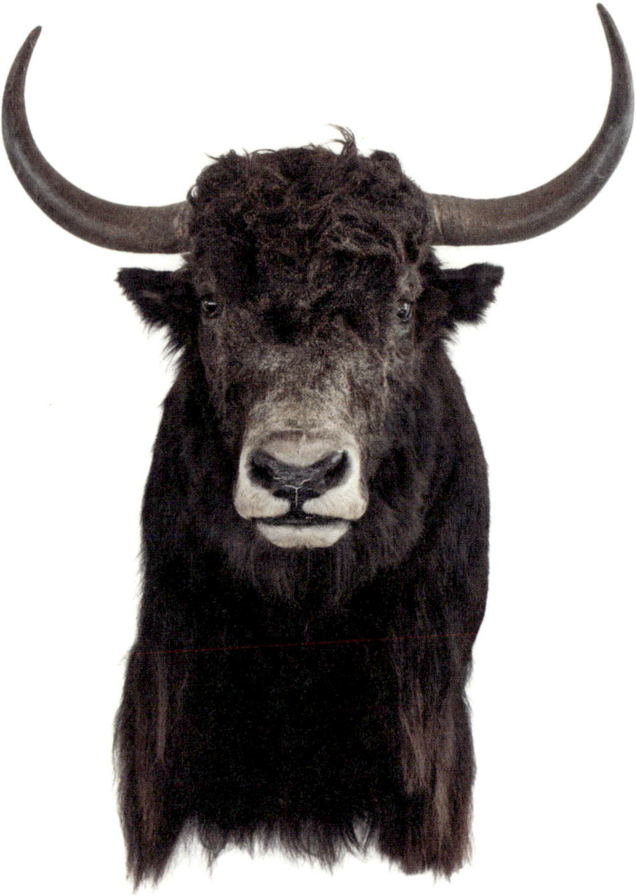

Yaks – auch Grunzochsen genannt – sind die Höhenbergsteiger unter den Säugetieren. Dieser Kopf ist im Restaurant »Yak & Yeti« neben dem MMM Ortles in Sulden am Ortler ausgestellt.

MEIN LIEBLINGSTIER, DER YAK

Sie sind in Regionen wie dem Himalaya die idealen Reit- und Packtiere, die es bis in Höhen von 6500 Metern schaffen

Yaks, diese halbwilden Haustiere der Tibeter, haben mich auf vielen Expeditionen begleitet.

1983 war es, auf dem Weg zum Cho Oyu, einem Achttausender an der Grenze zwischen Nepal und Tibet. Meterhoch lag der Schnee. Wir wären ohne Yaks, diese zähen Tragtiere, stecken geblieben. Sie ließen sich nachts einschneien, morgens schüttelten sie sich – und weiter ging's. Am Morgen reichte ihnen ein Büschel Heu, am Abend ein paar Kartoffeln. Sie fanden den Weg, trugen die Lasten.

1959, auf seiner Flucht vor den Chinesen, brach der 14. und letzte Dalai Lama knapp vor der Grenze zusammen. Er hatte sich eine Erkältung zugezogen. Im letzten tibetischen Dorf hoben seine Fluchthelfer, die Khampa, ihren fiebernden »Gottkönig« auf einen Yak, »und so verließ ich«, wie er selbst erzählt, »auf diesem vorzeitlichen Transportmittel mein Land«.

Heute noch sind es Yak-Karawanen, mit denen die Nomaden in Tibet von Weideplatz zu Weideplatz ziehen.

Auf Yaks transportieren sie Salz, Felle und Wolle. Über fast 6000 Meter hohe Himalaya-Pässe zogen sie einst von Tibet im Norden ins Sherpaland im Süden.

Nach der Nomenklatur unserer Zoologie ist Yak die Bezeichnung einer Untergattung des Auerochsen, auch »Grunzochsen« genannt. Die Yaks sind kleiner als unser Hausrind, zottelig und sehr genügsam. Ihr dickes, teppichartiges Fell schützt sie gegen Temperaturen von bis zu minus vierzig Grad. Die kurzen Vorderbeine sind, ähnlich wie bei der Gämse, im steilen Gelände von Vorteil. Die kleinen Augen, Ohren und die schmalen Nüstern sorgen für geringsten Wasser- und Wärmeverlust. Die großen Lungen ermöglichen es dem Yak sogar in Höhen von bis zu 6000 Metern zu leben, höher als jedes andere Säugetier.

»Wir wären ohne Yaks, diese zähen Tragtiere, stecken geblieben. Sie ließen sich nachts einschneien, morgens schüttelten sie sich – und weiter ging's.«

Die Tibeter verstehen unter »Yak« das männliche Tier, die weiblichen Tiere heißen »Dri«, die Sherpas nennen sie »Nak«. Wegen ihrer Trittsicherheit sind sie im unwegsamen Gelände des Himalaya die idealen Reit und Packtiere. An der Nordflanke des Mount Everest sind sie schon bis auf 6500 Meter Höhe gestiegen.

Diese Haustiere geben Mist, Wolle, Milch, Fleisch und sind nach wie vor die wichtigsten Helfer bei der Feldarbeit. Aus der ellenlangen Wolle, die ein idealer Wärmeschutz gegen Wind und Kälte ist, werden auch Seile geflochten, Decken und Teppiche gewebt. Wichtiger noch ist der Dung, der, an der Sonne getrocknet, das traditionelle Heizmaterial im holzarmen Hochland von Tibet ist.

Bei den Sherpas, die vor ungefähr fünfhundert Jahren mit Yak-Karawanen aus dem östlichen Tibet nach Solukhumbu in Nepal überwechselten, gilt der Besitz solcher Tiere als sichtbares Zeichen für materiellen Wohlstand. Wer viele Yaks besitzt, ist reich und angesehen.

Das »Dzo«, eine Kreuzung zwischen Yak und Hauskuh, ist stark wie die väterlichen Vorfahren, zahm und willig wie die Kuh – ein ideales Arbeitstier. Im Gegensatz zum Yak kann es auch unterhalb von 2500 Metern Meereshöhe ohne Beschwerden leben und eingesetzt werden.

Heute stehen Exemplare des Yaks in der Schweiz, in Deutschland und auch eine kleine Herde bei mir in Sulden am Ortler. Sie beweiden in den Sommermonaten jene Flächen, die heute brachliegen und veröden würden, wenn es keine Weidetiere mehr gäbe.

VERMISSTE FREUNDE

Der Legende nach waren Yak und Wasserbüffel einst Freunde. Sie lebten zusammen auf den Hügeln. Die Büffel aber begannen sich bald zu beklagen: Es sei zu kalt. Die Yaks hingegen litten unter der Hitze. Man beschloss, sich zu trennen. Die Büffel stiegen hinab in die warme Ebene. Die Yaks wanderten höher hinauf, bis zu den Rändern der Gletscher. Bald aber vermissten sie einander. Büffel standen lange da, den Kopf bergwärts gehoben, um ihre Freunde, die Yaks, zu erspähen. Und die Yaks schauen auch heute noch mit gesenktem Kopf nach den Büffeln.

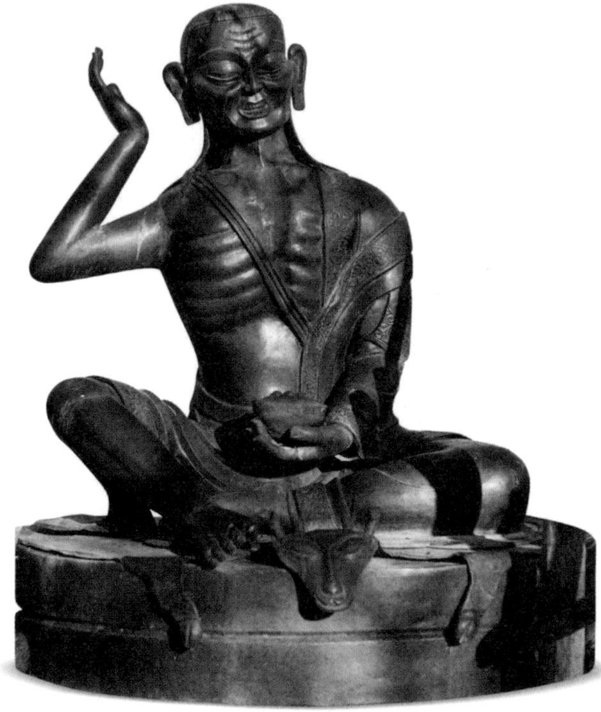

Milarepa in Bronze: Milarepa ist der berühmteste Yogi Tibets und als Kunstobjekt in allen Messner Mountain Museen präsent. Diese Bronzefigur steht im oberen Hof von Schloss Sigmundskron.

DAS GEHEIMNIS DES VERZICHTS

Milarepa war ein tibetischer Dichter, Sänger und Magier. Als Meister der Reduktion ist er mein Vorbild

Der Yogi Milarepa ist meine Lieblingsfigur aus den Bergen. Er lebte vor knapp tausend Jahren im Hochland Tibets, meditierte am Fuße des Chomolungma (der tibetische Name für den Mount Everest) und am heiligen Berg der Tibeter, dem Kailash. Seine Gesänge und Gedichte sind Weltliteratur. In seiner Reduktion auf das Wesentliche bleibt Milarepa für mich Anreger und Vorbild zugleich. In allen meinen Museen kommt er zur Geltung: als Bronzefigur, auf Thangkas, den alten tibetischen Malereien, in Stein gemeißelt.

Legenden aus vorgeschichtlicher Zeit gibt es viele. Lange bevor es Menschen wagten, auf die Gipfel zu steigen, bevölkerten Dämonen und Gottheiten die Gebirge. In ihrer Fantasie ahnten die Menschen Götter und Geister, Heilige und Teufel auf den Gipfeln. Der hinduistische Gott Shiva besetzte die Gipfel des Himalaya. Milarepa schwebte auf den Kailash im Trans-Himalaya, einer Gebirgskette im südlichen Tibet. Die Crodères, Felsenmenschen mit einem Herz aus Stein, lebten einst in den Dolomiten.

Viele dieser Legenden aus den Bergen sind nicht aufgeschrieben, sondern von Generation zu Generation überliefert worden. Anders die Geschichte von Milarepa, der in seinen Gedichten auf diese Art von Narrativ eingeht:

»Was als Ungeheuer erscheint,
was als Ungeheuer benannt,
was als Ungeheuer erkannt wird,
entsteht aus dem Menschen selbst
und verschwindet mit ihm.«

SYMBOLFIGUR ALLER LEGENDEN

Milarepa – im Volksmund kurz »Mila« genannt – könnte also die Symbolfigur aller Berglegenden sein. Aber seine Story ist real: Er verzichtete auf Wohlstand und ging in die Berge, lebte in Höhlen und bettelte. Für mich symbolisiert er den Verzicht. Mit seiner Besteigung des heiligen Bergs Kailash ohne Hilfsmittel bewies er in der Tat die Überlegenheit seiner Lebenshaltung: Im Respekt vor der Bergnatur liegt der Schlüssel zum Überleben im Gebirge.

»Mit seiner Besteigung des heiligen Bergs Kailash ohne Hilfsmittel bewies er die Überlegenheit seiner Lebenshaltung: Im Respekt vor der Bergnatur liegt der Schlüssel zum Überleben im Gebirge.«

Milarepa ist der berühmteste tibetische Yogi. Er wuchs in einer wohlhabenden Familie auf, wurde seines Erbes beraubt und rächte sich dafür. Er erlangte innerhalb eines Lebens Erleuchtung, indem er schwarze Magie lernte. Der berühmte buddhistische Meister Marpa wurde sein Lehrer. Sechs Jahre lang unterzog dieser seinen Schüler harten Prüfungen. So konnte »Mila« sein schlechtes Karma abarbeiten. Übungen der »Inneren Hitze« ermöglichten es ihm, nur mit einem Baumwollhemd bekleidet meditierend zu überleben – erst am Fuße von Chomolungma (Mount Everest), später jahrelang abgeschieden in Tibets Bergen. Er lebte meist nur von Brennnesseln und Wasser. Auf Abbildungen hält er immer eine Hand ans Ohr, der Natur und deren Gesang lauschend.

Als Poet und begnadeter Sänger hinterließ er einen wahren Schatz an Texten und Liedern. Sie beschreiben das Leben in Tibet und sind weit verbreitet. Wie sein Schüler Karmapa blieben sie von religiöser Bedeutung. Bis heute.

DAS RÄTSEL UM DEN KAILASH

Das große Rätsel um den Liedermacher, Poeten und Yogi Milarepa ist seine »Besteigung« des Kailash. Er erreichte den Gipfel angeblich auf einem Sonnenstrahl reitend. Im Wettstreit mit einem Meister des Bön, heute eine spirituelle Schule des tibetischen Buddhismus, ging Mila als Sieger hervor. So erzählt es die Legende. Er lebte dann weiter in Höhlen in Tibet und am heiligsten aller Berge, am Kailash. Er ernährte sich von Gaben der Gläubigen und von Brennnesseln, die er vor seiner Höhle pflegte. Oft saß er tagelang vor seiner Behausung in der Sonne und meditierte, sang und lehrte. Seine Schüler trugen seine Lehre vom Verzicht in die Dörfer und Städte hinab.

Leider ist diese Lebenshaltung nicht bis zu uns vorgedrungen. Auch der Alpinismus hat sich nicht mit seinen Ideen identifiziert, Konsum statt Reduktion ist heute das Motto.

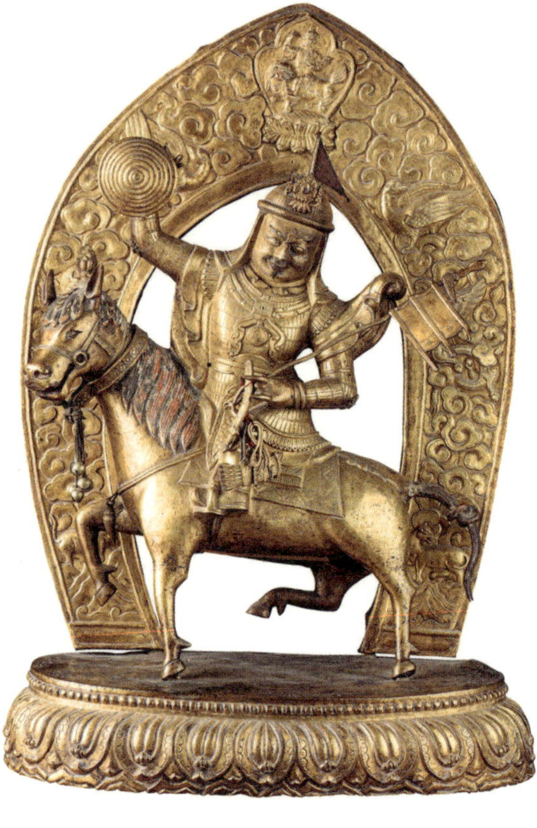

Die feuervergoldete Bronzefigur zeigt den tibetischen König Ling Gesar. Sie wird heute im MMM Juval im »Saal der 1000 Freuden« mit weiteren Stücken ausgestellt.

DER SAGENHAFTE GESAR

König, Held und Weiser: Keine Figur prägt die Sprache, Kultur und Religion Zentralasiens so sehr wie der mythische Herrscher Tibets

An einem regnerischen Nachmittag im Herbst 1981 kaufte ich bei der Galerie Koller in Zürich eine feuervergoldete Bronzefigur aus Tibet, die Ling Gesar darstellt. Die Entdeckung dieser Figur in einem Schaufenster war einer jener Zufälle, denen wir später gerne eine schicksalhafte Bedeutung zuschreiben.

Meine beiden ersten Tibet-Reisen, 1980 und 1981, hatten einen tiefen Eindruck bei mir hinterlassen. Noch aber wusste ich nichts von der Gesar-Sage, dem großen Epos Zentralasiens, wenngleich ich seit zehn Jahren Tibetica gesammelt hatte. Nachdem ich die Figur erworben und sie zu Hause aufgestellt hatte, begann ich in Tibet nach ihrem Ursprung zu forschen. Und ich sammelte alles zu Gesar, was auf dem Markt angeboten wurde, als ginge es um das Erbe Tibets. Der Glaube und die Ausstrahlung der Menschen auf dem »Dach der Welt« beeindruckten mich mehr und mehr.

Für die Tibeter ist Gesar ihr Held, wie Siegfried in der Nibelungensage: Er übersteht alle erdenklichen Proben –

in der Schlangenhöhle, Feuersbrunst, Wüste – und wird damit zum König seines Volkes.

Im Sommer 1986 reiste ich erneut nach Tibet, diesmal für drei Monate. Mein Ziel war es, Osttibet zu durchqueren, wo ich hoffte, Ling zu finden – den Ort, den Gesar in seinem Adelstitel geführt hatte. Ling wird in dem Epos als jene Stätte genannt, wo er als der Königssohn meist lebte. Er war gleichzeitig Held, König und Weiser und sorgte in kriegerischen Auseinandersetzungen für Recht, Ruhe und Frieden.

»Ich begann nach dem Ursprung der Figur zu suchen und sammelte alles zu Gesar, was auf dem Markt angeboten wurde, als ginge es um das Erbe Tibets.«

Diese Figur ist immer noch mit Visionen und Prophezeiungen verbunden, die Erzählungen über ihn sind also ein wichtiger Teil der tibetischen Kultur – mit ihren Epen und Liedern, ihrer Sprache und Religion.

Das Gesar-Epos lebt heute auch in Baltistan in Pakistan weiter, in der Solo-Khumbu-Region in Nepal, längs der Seidenstraße und überall dort, wo Tibeter einst ihre Heimat hatten.

Little Karim, ein Balti-Träger, der mich zu den »leuchtenden Bergen«, den Gasherbrums im Karakorum, nach Pakistan begleitet hat, kannte das Epos auswendig und sang Teile daraus bis tief in die Basislager-Nächte hinein.

Auch er aber konnte mir den Ort Ling nicht benennen. Lag dieser vielleicht im Norden der Chang-Tang-Wüste in Tibet, in einem Palast am Fuße des Kuen-Lun-Gebirges, wo »1000 Freuden«, Gesars Lieblingsfrau, auf ihren Helden wartete?

Wir wissen es nicht. So wenig wir wissen, ob er Wirklichkeit oder nur Legende war, denn Ling, fand ich später heraus, ist überall. In Schloss Juval habe ich den Festraum in »Saal der 1000 Freuden« umbenannt und dort meine Gesar-Sammelstücke untergebracht.

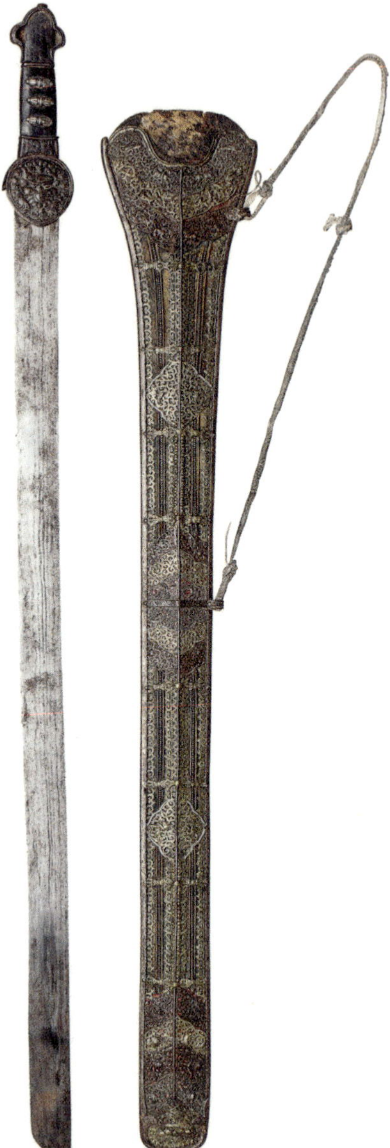

Das Schwert von Gesar Ling ist in etwa doppelt so lang wie ein Arm. Es stammt aus Tibet und hängt heute an der Mittelsäule der Bibliothek von Schloss Juval.

EIN KRIEGER AUS DEN BERGEN

Wie sich mit Gesar Lings Schwert negative Kräfte bezwingen lassen

Seit vierzig Jahren, also seit ich die Verantwortung für Schloss Juval übernommen habe, hängt Gesar Lings Schwert an der Mittelsäule in der Bibliothek. Ich hatte es von einem Khampa-Krieger übernommen, der in den Sechzigerjahren des letzten Jahrhunderts in Kham, im Osten von Tibet, mit ein paar Hundert Kämpfern versucht hatte, den Einmarsch der Chinesen aufzuhalten.

Später ist er über den Himalaya nach Nepal geflohen und lebte dort im Exil. Im Thamel, einem Stadtteil Kathmandus, handelte er mit Tibetica und erzählte mir hingebungsvoll von Gesar Ling. Schon der sagenhafte König von Ling lebte im Gebirge. Er hat die Landschaft verteidigt und genützt, um seine Gegner von oben anzugreifen. Er war ein Krieger aus den Bergen.

Zuletzt kaufte ich jenes Schwert, das der Händler Gesar zuschrieb, und ich brachte es über zahlreiche Hindernisse und Landesgrenzen bis nach Südtirol. Das Schwert ist doppelt so lang wie ein Arm. In die Beschläge sind Symbole eingraviert; die Scheide aus Sandelholz zieren kupferne Ornamente. Es liegt gut in der Hand, der scharfe Stahl des Klingenblatts glänzt silbern.

Was bedeutet es nun, das Schwert von Gesar Ling? Einst soll es dem Urahn des in Ling, Tibets legendärem Königreich, herrschenden Klans der Bumpa gehört haben. Der Stammvater hat es an seinen ältesten Sohn weitergegeben, und in der Folge erhielt es jeweils der älteste Sohn jeder neuen Generation – zur Bewahrung und Überlieferung der Tradition.

»Buddha soll diese Lehre persönlich an außerordentliche Schüler weitergegeben haben.«

Das Heiligtum der Bewohner von Ling ist sicher irgendwann verloren gegangen und mein Schwert nicht das Original. Die Lingpa hatten es als Zeichen ihrer Unbesiegbarkeit und Freiheit verstanden. Das heilige Schwert soll der Legende nach gestohlen und im Schutz der Nacht entführt worden sein.

In Wirklichkeit war das Schwert nur ein Symbol für die große Kraft der Weisheit, welche die zerstörerische Kraft des Todes besiegen sollte. Das furchterregende Symbol konnte sogar die Gottheit Yama samt ihren negativen Energien in Angst und Schrecken versetzen.

So stehen Waffen wie dieses Schwert als äußerliche Attribute für Gottheiten und den allwissenden Geist eines Buddha – aus der Erkenntnis der Leerheit kommt das große Mitgefühl, aus dem die Weisheit geboren wird.

Heute noch werden Meditationen in Verbindung mit der Gottheit Yama von Tibetern geübt. Nach den Vorstellungen des tantrischen Buddhismus hatte Buddha persönlich diese Lehren an außerordentliche Schüler weitergegeben.

Der höhere Zweck dieser Praktiken ist es, über Übel, Leid und den Tod zu triumphieren. Das gelingt, indem der Meditierende die Inhalte der Lehre, die die Gottheit verkörpert, vollkommen in sich selbst verwirklicht und so die Buddhaschaft erreicht.

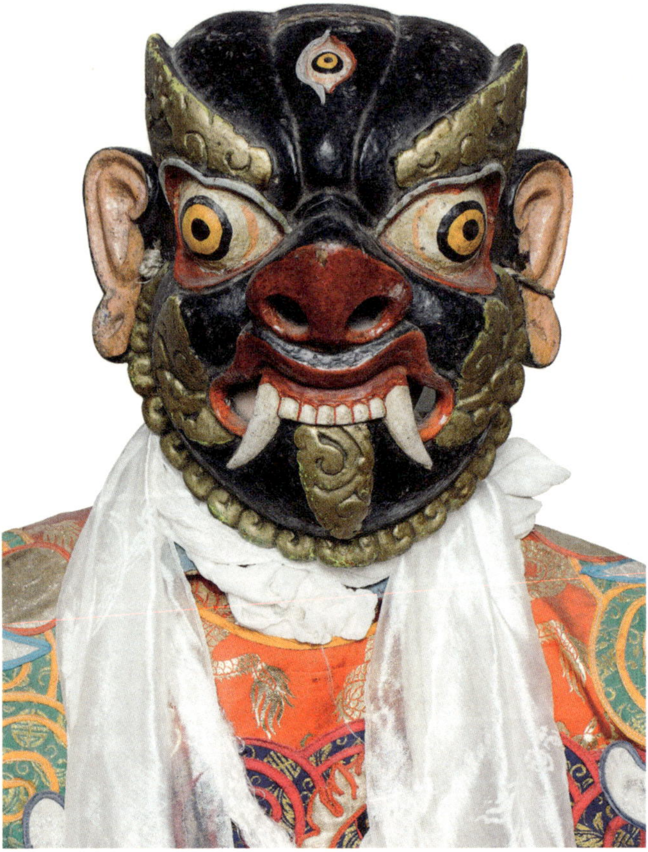

Die indische Tantra-Maske, die von
Tänzern bei ihren Ritualen getragen wurde,
hängt im Innenhof von Schloss Juval.

VON MENSCHENNATUR UND BERGNATUR

Was Tantra mit dem Bergsteigen gemeinsam hat

In Schloss Juval im Vinschgau habe ich jene tantrischen Symbole untergebracht, die zu den indischen Göttinnen zählen. Es sind Sammelstücke, die ich im Laufe von Jahrzehnten in Asien erwerben konnte. Sie sind verteilt auf die Höfe und den »Tantra-Raum«, außerdem sind sie im Museum zu den heiligen Bergen ausgestellt. Sie sollen auch ohne Lehrer ihre Schüler finden. Die Lehren, die dahinterstehen, will ich nicht anbieten, weil ich weiß, dass Tantra traditionell nicht durch Bücher, Kurse oder Sitzungen weitergegeben werden kann.

Im unteren Hof steht in einer Nische eine lebensgroße Statue von Shakti, die Ausdruck schöpferischer Energie ist. Sie symbolisiert die weibliche Urkraft des Universums und die Verehrung der göttlichen Mutter. Die Sinneswelt steht dabei ihrer Haltung nicht negativ gegenüber, sie nutzt diese, um zur Vereinigung mit dem Göttlichen zu kommen – haben doch alle Götter im menschlichen Körper ihren Gegenpart.

Ich weiß, im Westen wird Tantra hauptsächlich als Sexualpraxis missverstanden, während Tantra in Asien

Sinnlichkeit mit Spiritualität verbindet. Von Anfang an und in allen tantrischen Schulen ist die Huldigung der weiblichen Gottheit zentral.

Die Tantra-Philosophie stammt ursprünglich aus Indien. Im 9. Jahrhundert nach Christus kam sie mit dem buddhistischen Lehrer Padmasambhava nach Tibet, wo sie im tibetischen Buddhismus verändert wurde.

Die tantrischen Gottheiten können dabei männlich, weiblich oder auch ein Paar in Vereinigung sein, was häufig im Geschlechtsakt abgebildet wird.

Mich interessieren allerdings weniger die verschiedenen tantrischen Sekten und deren Gottheiten, auch nicht die magische Vorstellung dahinter oder die Fülle an Göttern, wie sie in Indien imaginiert wird. Am Tantra ist für mich der spirituelle Weg relevant: die Suche nach Erleuchtung durch Meditation. Hier kommt das Verhältnis der Menschennatur zur Bergnatur ins Spiel. Denn beim Bergsteigen geht es genauso wie im Tantra um Bewusstseinszustände. Vor allem das Felsklettern ist Meditation und Aktion zugleich – wobei maximale Konzentration stets die Voraussetzung ist.

> *»Am Tantra ist für mich der spirituelle Weg relevant: die Suche nach Erleuchtung durch Meditation.«*

Viele Geschichten, die Bergsteiger erzählen, haben Bewusstseinszustände zum Inhalt, die auch mit Yoga und Meditation vergleichbar sind. Der Tantrismus nimmt als Erkenntnislehre Geist und Materie nicht getrennt wahr. Er verbindet das Relative und das Absolute, beinhaltet

Leben und Tod und steckt damit, wenn auch nur unterbewusst, im Bergsteigen.

Im Distrikt Mustang in Nepal, in der Region Ladakh in Indien und in Tibet habe ich bei Festen tantrische Tänze vorgeführt bekommen. Tief beeindruckt nahm ich die Bilder, Mantras und Farben mit, die mich wieder ergreifen, wenn ich die Innenhöfe von Juval betrete.

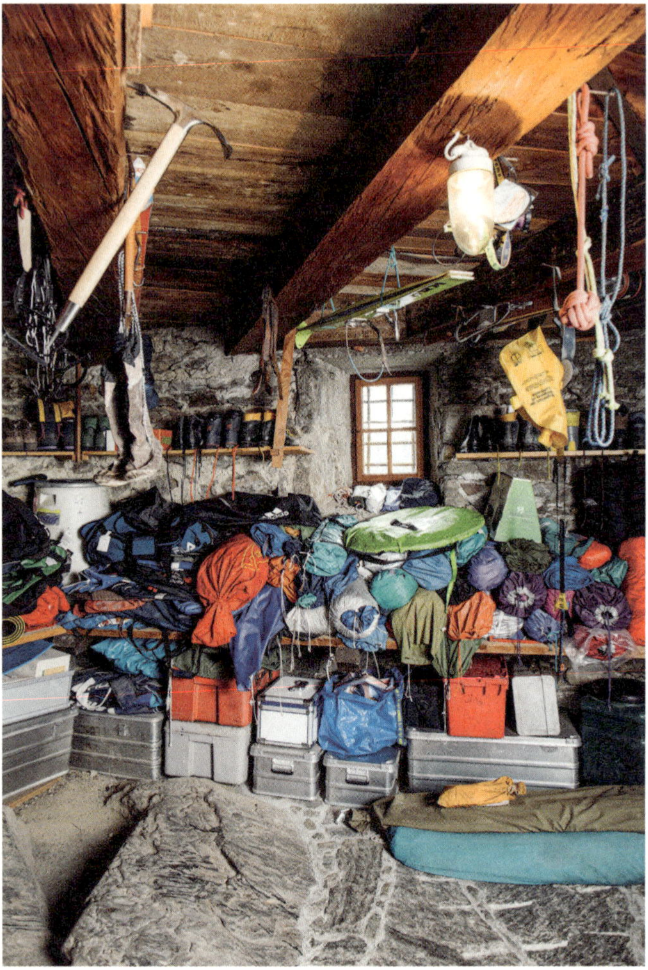

Der Expeditionskeller ist im zweiten Kellergeschoss von Schloss Juval untergebracht. Hier lagert die Ausrüstung und wird für Reisen gepackt.

DIE FUNDAMENTE MEINES TUNS

Wie der Expeditionskeller auf Schloss Juval von Abenteuer auf allen Kontinenten und einem selbstbestimmten Leben erzählt

Schloss Juval im Vinschgau ist auf Fels gebaut. Man sieht allerorten Spuren von Gletscherschliff, wo der Gneis offen zu Tage tritt. Denn einst schoben sich gewaltige Eismassen über den Felsvorsprung an der Kante zwischen Etsch und Schnalstal, wo heute die einstige Burg steht.

Im zweiten Kellergeschoss, es ist das Erdgeschoss, befindet sich der Expeditionskeller. Seit bald vierzig Jahren packe ich dort die Ausrüstung für meine Reisen. Und hierhin kommen Zelte, Schlafsäcke sowie Klettergeräte zurück, werden eingelagert und ergänzt für eine nächste Expedition.

Ausgerechnet in diesem Keller sind die Fundamente der Burg, die im 16. Jahrhundert zum Schloss umgebaut worden ist, am deutlichsten zu sehen. Als ob auch die Fundamente meines Tuns hier zu finden wären. In der Tat habe ich Bergausrüstung aus meinem ersten Haus in St. Magdalena im Villnösstal nach Juval gebracht und sukzessive dort gelagert. Das Allermeiste ist nicht mehr brauchbar – rostige Mauerhaken aus den Sechzigern,

Prototypen von Titansteigeisen, fünf Jahrzehnte alte Zelte – es ist zur musealen Staffage geworden.

Juval steht von Ostern bis Allerheiligen den Besuchern offen, und sie können »live« beim Packen für eine Expedition dabei sein, wenn sie ein bisschen Fantasie mitbringen. Mich persönlich erinnern die Überbleibsel an erlebte Abenteuer auf allen Kontinenten, an Biwaks, Kameradschaft und Scheitern. Sie sind Teil des Museums geworden.

»Marmeladen, Gemüse und Säfte interessieren Besucher mehr als Seile, Schlitten oder Alukisten.«

In Juval erzähle ich von den heiligen Bergen, die ich nach meiner Zeit als horizontsüchtiger Wanderer – Antarktis, Grönland, Patagonien – besucht und zum Teil bestiegen habe. Eine Wüste – ob Eis oder Sand – ist ein schmelzender oder zerbröselnder Berg, sie erzählt uns von der Vergänglichkeit genauso wie von der Erneuerungskraft der Natur.

In den Kellerräumen von Juval lagern auch Nahrungsmittel – Marmeladen, Säfte, eingekochtes Gemüse und Weine, die unsere Besucher mehr interessieren als Seile, Schlitten oder Alukisten. Sind sie doch den allermeisten Menschen wichtiger als irgendwelche Überlebensversuche in der Wildnis.

In Juval könnten wir autark leben: Die Gemüsegärten, Weiden, Obstbäume geben alles her, was wir brauchen. So wie ich bei meinen Expeditionen unabhängig sein musste, sehnte ich mich früh schon nach einem selbstbestimmten Leben. Mit Juval ist mir dies über eine lange Zeitspanne gelungen, und ich will mein Nest weiter genießen, mit dem Expeditionskeller, in dem alles lagert, um morgen wieder aufbrechen zu können.

Ein tröstlicher Gedanke, obwohl ich weiß, dass meine Geschicklichkeit, Schnellkraft und Ausdauer Jahr für Jahr weniger werden, ja sogar meine Leidensfähigkeit schrumpft. Ich könnte heute die Eigerwand nicht mehr in Selbstverantwortung klettern, keinen Achttausender mehr besteigen, ich kann mich mit anderen Fähigkeiten ausdrücken. Alles zu seiner Zeit, es ist nie zu spät für ein gelingendes Leben.

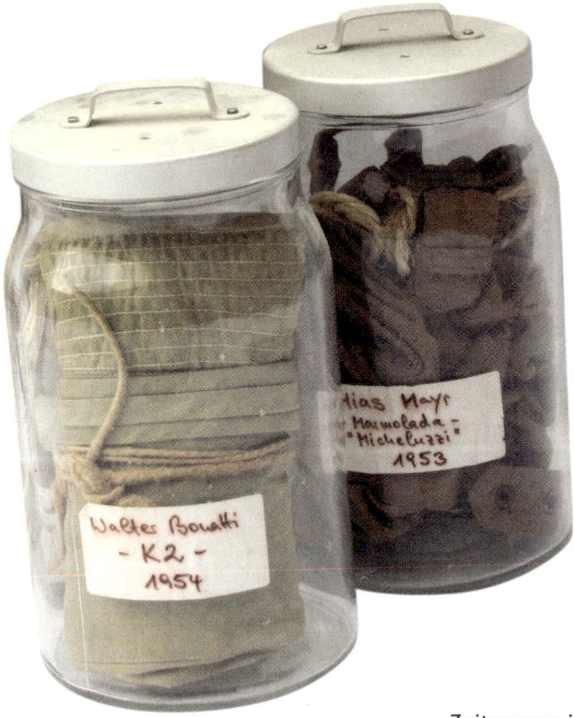

Zeitzeugen im Glas:
Der Sonnenhut von Walter Bonatti, den er beim Anmarsch zum K2 trug (links), und die Handschuhe von Hias Mayr, die ihm am Micheluzzi-Pfeiler in den Dolomiten das Leben retteten.

EINGEWECKTE GESCHICHTE

ein Nachwort

Über den Versuch, die Historie des Bergsteigens zu konservieren und immer wieder neu zu erzählen

So wie meine Omas und meine Mutter Obst und Gemüse eingeweckt haben, versuche ich seit zehn Jahren die Geschichte des Bergsteigens zu konservieren. In mehr als hundert Weckgläsern verschiedener Größe bewahre ich im Museum Firmian auf Schloss Sigmundskron, in Regalen gestapelt, Kletterutensilien berühmter BergsteigerInnen auf: ein winziges Tagebuch von Emil Zsigmondy, dem österreichischen Arzt und Bergsteiger, der 1885 an der Meije-Südwand verunglückte; einen frühen Klettergürtel von Anderl Heckmair, dem Münchner, der 1938 mit seinem Freund Ludwig Vörg und den Österreichern Heinrich Harrer und Fritz Kasparek erstmals die Eiger-Nordwand durchstieg; den Sonnenhut von Walter Bonatti, den er 1954 auf einer viel diskutierten K2-Expedition mithatte; die Selbstsicherung, mit der der Slowene Tomaž Humar an der Long Line eines pakistanischen Militärhubschraubers aus der Rupalwand des Nanga Parbat geflogen wurde. Jede dieser Reliquien erzählt ein Stück aus der alpinen Geschichte: Die Überhandschuhe, die Nejc Zaplotnik 1979 am Gipfel des Mount Everest trug, nachdem er erstmals über den Westgrat aufgestiegen war, sind mehr als ein Zeitdokument, sie erzählen von der Leidensfähigkeit des Menschen.

DAS WARUM DES ALPINISMUS

Die Geschichte des Bergsteigens besteht in der Summe aller am Berg erlebten Geschichten – auch wenn meist doch nur jene der Expeditionsleiter oder tragischen Helden erzählt werden. Jedes Erinnerungsstück – vom Schuh der ersten Pioniere über den Pickel von Hermann Buhl, den er am Gipfel des Nanga Parbat zurückgelassen hat, bis zum gerissenen Seil von Lionel Terray, dem legendären französischen Bergsteiger – bleibt also mehr als eingefrorene Wirklichkeit. Mit jeder dieser Reliquien verbinde ich starke Emotionen – bergaffine Menschen sollen und können, angeregt von meinen eingeweckten Bergsteiger-Geschichten, das Warum des Alpinismus nachempfinden.

»Die Geschichte des Bergsteigens besteht in der Summe aller am Berg erlebten Geschichten – auch wenn meist doch nur jene der Expeditionsleiter oder tragischen Helden erzählt werden.«

In Sigmundskron ist gerade mit dieser Erzählhilfe ein Begegnungsraum der besonderen Art entstanden. Das Museum will nicht über Kunst informieren, sondern über den Berg und die Menschen im Gebirge aufklären.

Indem Bilder, Plastiken, Installationen und die Reliquien immer wieder neu zueinander in Beziehung gebracht werden, wird die Zeit aufgehoben, der sie angehören, und eine kollektive Biografie des Alpinismus weitererzählt. Täglich treten Betrachter, Werke und Schauraum in einen offenen Dialog. Es geht also weniger um Dokumente zum Thema Berg, es geht um den Menschen und die Berge, um Nähe, Ferne, Neugier und Staunen. So kann Raum frei bleiben für unsere Fantasie.

Ich verstehe mich als Gestalter, Katalysator und Aufklärer. Mir geht es um die Übersicht und ein Gesamtkunstwerk, das den historischen Ort, die geografische Lage und die Kunstwerke in Beziehung zueinander setzt. Das Wichtigste bleiben jene Emotionen, die meine Reliquien in sich tragen. Kunstwerke und Erinnerungsstücke sollen miteinander kommunizieren und Auskunft geben, ohne dass sie erklärt werden müssen.

Als Ordner möchte ich ein dynamisches Bild der Berge vermitteln, nicht eine eingefrorene Wirklichkeit, also alles immer wieder unter einem anderen Blickwinkel und immer wieder neu erzählen. Wo und wie entsteht Spielraum – zwischen dem Betrachter und den Bergen –, den wir beim Bergsteigen erleben? Nur wenn sich die Berge in unserem Bewusstsein stetig verändern. Und durch Nähe! Mit Absicht habe ich alle meine Häuser ins Gebirge gestellt. Dorthin, wo die Welt draußen – Eis, Fels, Bergbauern, Kultplatz – das Thema drinnen widerspiegelt.

VERZAUBERTE BERGE

Nachdem ich Gebirge und Bergsteiger in aller Welt kennengelernt habe, steht mir ein großer Erfahrungsschatz und Erzählstoff, eine große Sammlung an Reliquien und Kunstwerken zur Verfügung, die in Sigmundskron einen idealen Entfaltungsraum bekommen haben.

Was mir vorschwebt, ist ein Gesamtkunstwerk, das dem Mosaik »Messner Mountain Museum« eine Form gegeben hat. Die insgesamt sechs Standorte sind lauter »verzauberte Berge«. Mit den fünf Satelliten ist das Museum Firmian zum Fokus des globalen Bergsteigens geworden. Es will nicht werten, nur erzählen vom Berg.

ZUM AUTOR

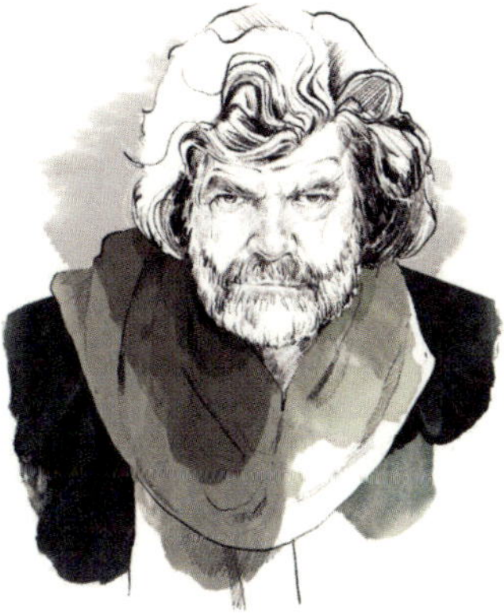

Reinhold Messner ist der berühmteste Bergsteiger und Abenteurer unserer Zeit. Als Kletterer, Grenzgänger und »Philosoph in Aktion« hat er immer wieder neue Maßstäbe gesetzt: Er bestieg als erster Mensch alle 14 Achttausender. Heute kämpft er für einen ökologisch nachhaltigen Umgang mit der Natur und gestaltet an sechs Standorten das Messner Mountain Museum. Zudem widmet er sich nun dem Bergfilm als Autor, Regisseur und Produzent.

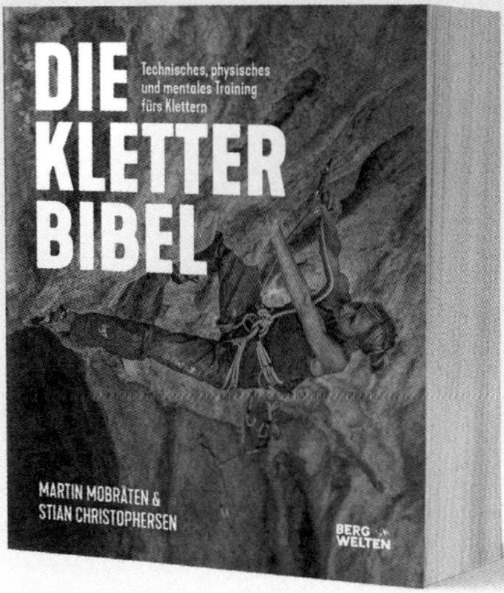

Die Profikletterer Martin Mobråten und Stian Christophersen erklären Taktiken, Trainingsplanung und Maßnahmen, wie man sein Kletterniveau steigern und Verletzungen verhindern kann.
In ihrem Buch versammeln sie praktische Anleitungen, für alle Bereiche und Schwierigkeitsgrade des Kletterns. Techniken und Klettersituationen werden anhand zahlreicher Abbilungen dargestellt. Auf diese Weise wird noch mehr Freude an dieser fantastischen Sportart vermittelt.

MARTIN MOBRÅTEN / STIAN CHRISTOPHERSEN
DIE KLETTERBIBEL

ca. 352 Seiten
Klappenbroschur · 20 x 26 cm
ISBN: 978-3-7112-0045-7 · € 42,00